DANA GERHARDT

Lebendige Planeten

Standardwerke der Astrologie

Dana Gerhardt

Lebendige Planeten

Astrologie am Leben erprobt

Aus dem Englischen übersetzt
von Sabine Bends

ISBN 978-3-89997-209-2

© Dana Gerhardt, 2007
© der deutschen Ausgabe Chiron Verlag, 2013

Das gesamte Werk ist im Rahmen des Urheberrechtsgesetzes geschützt. Jegliche vom Verlag nicht genehmigte Verwertung ist unzulässig. Dies gilt auch für die Verwertung durch Film, Funk, Fernsehen, photomechanische Wiedergabe, Tonträger jeglicher Art, elektronische Medien sowie für auszugsweisen Nachdruck und die Übersetzung.

Umschlag: Judith Hamann, Tübingen
Foto: istockphoto.com
Druck: SDL, Berlin

Zu beziehen über den Buchhandel oder direkt beim
Chiron Verlag, Postfach 1250, D-72002 Tübingen
www.chironverlag.com

Inhalt

Vorwort

Viele von Ihnen werden Dana Gerhardt bereits kennen. Sie hat zahlreiche Artikel für das astrologische Fachmagazin *The Mountain Astrologer* verfasst. Ihre Artikel haben mich so sehr fasziniert, dass ich diese über Jahre regelmäßig für das deutsche Astrologiemagazin *Meridian* übersetzt habe. Doch Danas Artikel sind viel zu wertvoll und erkenntnisreich, als dass Sie in den Schubladen unserer Astrologieschränke verschwinden sollten. Sie haben nichts von ihrer Aktualität verloren, und es freut mich daher sehr, dass sie nun in Buchform erscheinen. Mit der Serie zu den Planeten ist ein erster Schritt getan.

Danas Artikelserien zu den Planeten war und ist für Anfänger und Fortgeschrittene der Astrologie gleichermaßen gedacht. Wer die Planeten noch gar nicht kennt, findet hier einen wunderbaren Zugang. Wer meint, bereits alles über sie zu wissen, wird bei der Lektüre überrascht und verblüfft. Denn gerade Deutungsaspekte, die bislang völlig unbeachtet blieben, kommen hier zum Vorschein und werden von Dana anschaulich beleuchtet. Sie versteht es, ein scheinbar so bekanntes astrologisches Thema wie einen Planeten mit ganz neuen Augen zu betrachten – frisch und unvoreingenommen. Die Erkenntnisse, die sie anderen vermittelt, entstammen immer ihrer eigenen Erfahrung. Wenn es eine Theorie gibt, dann dient sie Dana allenfalls dazu, überprüft und dann nicht selten umgestoßen zu werden.

So lautete ihr ursprünglicher Auftrag zum Schreiben der Geschichten für *The Mountain Astrologer* auch nicht anders als: „Nimm uns mit auf eine Entdeckungsreise!“ Ohne eine feste Formvorgabe, ohne ein Ziel, das es zu erreichen galt. Die Lesereise an sich sollte Freude machen. Und sie tut es!

Was mich an Danas Geschichten immer schon begeistert hat, ist ihre Lebendigkeit. Ihre Beobachtungen entspringen dem Moment, sind unmittelbar, authentisch und geben uns das Gefühl, den Planeten gemeinsam mit ihr ganz neu zu entdecken. Und das geschieht bei jedem Planeten völlig anders, ganz wie es dem dahinterstehenden Urprinzip – und Danas persönlichem Erleben – entspricht. So wechseln sich in ihren Betrachtungen mythologische Geschichten, Märchen, Assoziationen zu Film und Literatur, persönliche Erlebnisse und Erzählungen von Klienten in bunter Folge ab. Sie folgt dabei keinem festen Schema und überlässt es einer höheren Führung, sich leiten zu lassen.

Danas eigene spirituelle Verbindung ist nämlich ein wichtiger Grundbestandteil ihres Schreibens. Man spürt, dass sie eine wahrhaft Suchende ist, die den tieferen Sinn in allem Geschehen finden möchte. Und zugleich ist sie eine moderne Frau, die aktiv am Berufs- und Sozialleben der amerikanischen Gesellschaft teilnimmt. Sie schlägt eine Brücke zwischen der okkulten Welt der Spiritualität und der Bodenständigkeit eines ganz normalen Alltags. Und ganz nebenbei scheint zwischen ihren Zeilen etwas von ihrem Charakter durch, von ihren Eigenheiten – wir können sie als Autorin fühlen und in unser Herz schließen. Am Ende des Buches haben wir den Eindruck, nicht nur die Planeten, sondern auch Dana als Person ganz gut zu kennen.

Lassen Sie sich mitnehmen auf eine Reise in die Weiten des Kosmos – in die Welten der lebendigen Planeten. Lernen Sie die Planeten von ganz neuen Seiten kennen, lassen Sie sich zum Nachdenken anregen und zum Schmunzeln verleiten!

Much, im Mai 2012,
Sabine Bends, gepr. Astrologin DAV und Dipl.-Übersetzerin

Der Mond

Der Mond hat mich schon immer fasziniert. Bereits als Astrologieanfängerin fand ich das Mondzeichen, die Mondaspekte und die Hausstellung des Mondes viel, viel interessanter als die von allen anderen Planeten. Der Mond erzählt einfach die besten Geschichten. Unser Mond erinnert sich daran, wie wir noch in den Windeln lagen und genährt werden wollten, er erinnert sich an warme Berührungen, die Mutterbrust oder eine Flasche Milch. Er weiß auch noch, was danach geschah, ob unsere Bedürfnisse befriedigt wurden und wir die Welt als einen großzügigen und fröhlichen Ort oder als karg und unduldsam kennenlernten. Aspekte zum Mond beschreiben unsere Interpretation der Bemutterung durch unsere Mutter, ob wir sie beispielsweise als tröstlich und unterstützend wahrnahmen oder als erstickend und ärgerlich. Der Mond war auch schon da, als wir mit unseren Füßen aufgestampft und unseren Kopf auf die uns eigene unnachahmliche Art zurückgeworfen haben. Unsere Eltern schauten uns überrascht an und fragten uns, ob wir uns für das Zentrum der Welt hielten. Aber natürlich, waren wir das denn etwa nicht? Die Erinnerung des Mondes reicht sogar noch weiter zurück in andere Leben, wo wir bestimmte Gesten, Gewohnheiten und Erwartungen aufgeschnappt haben, die sonst keiner in unserer Familie an den Tag legt. Der Mond steht für eine tiefe Prägung, körperlich und emotional und birgt so viele Facetten, dass nicht einmal ein Team von Psychologen alle entdecken und erklären könnte. Seine Reaktionen sind instinktiv und spontan. Seine Grenzen sind porös, sein Kern ist so sensibel, dass er selbst in unseren reiferen Jahren eine harte Bemerkung mit der ungeschützten Verletzlichkeit eines Kindes aufnehmen kann. Der Mond erinnert sich an alles und will nur unser Glück. Er ist der Erste, der zu nörgeln beginnt, wenn unsere Bedürfnisse nicht erfüllt werden.

Als ich anfing, astrologisch zu beraten, ging mein Blick ganz natürlich als Erstes zum Mond. Ich stellte meinen Klienten Fragen zu ihrer Kindheit, holte alte Wut und frische Wunden in die Erinnerung, sammelte Gesten, Tonlagen und andere psychologische Hinweise. »Natürlich«, so sagte meine Astrologielehrerin eines Tages einmal, »fangt ihr bei einer astrologischen Beratung nicht gleich mit dem Mond an.« Der schmerzhafte Gesichtsausdruck einiger meiner ersten Klienten fiel mir bei dieser Bemerkung ein und ergab für mich nun einen Sinn. Oh! Der Mond ist also kein Astro-Dartboard, auf das ich mal eben ein paar Pfeile loslassen kann.

Im Laufe der Zeit wurde mir klar, dass nicht alle Astrologen diese Lektion bereits gelernt hatten. Amy war vor ihrer ersten Sitzung bei mir sehr nervös. Ihre letzte Beratung hatte sie von einem berühmten Astrologen erhalten, der ihr sagte, dass ihre Mond/Uranus-Konjunktion bedeute, dass ihre Mutter sie nicht gewollt hatte und sie diese Zurückweisung immer wieder erleben müsse, solange sie sich ihrer Vergangenheit nicht stelle. Damals hatte Amys Freund sich gerade von ihr getrennt und sie ging am Boden zerstört und völlig verheult aus der Beratung nach Hause. Ihre Mutter hatte sicherlich Stress zur Zeit ihrer Geburt gehabt und war in dieser Zeit kein großer Pol der Zuflucht für Amy gewesen. Doch im Laufe der Jahre wurden die beiden enge Gefährtinnen, die sich in ihrer gegenseitigen Unabhängigkeit unterstützten und viele liebenswerte und verschrobene uranische Eigenschaften gemeinsam hatten.

In den meisten Astrologiebüchern steht, dass jemand mit einem Mond/Pluto-Aspekt eine schreckliche Mutter gehabt haben muss. Doch eine Reihe von Mond/Pluto-Klienten beschwerten sich darüber bei mir: »Jeder Astrologe, bei dem ich war, will mit mir über meine schreckliche Mutter sprechen. Aber ehrlich gesagt, meine Mutter war gar nicht so schlimm. Ich liebe sie und ich fühle mich in keiner Weise traumatisiert.« Was ich von diesen Klienten und anderen gelernt habe, ist, dass die Ausdrucksbandbreite des Mondes sehr komplex ist. Wenn wir den Mond auf eine simple psychologische Formel bringen, dann ist Gefahr im Verzuge. Natürlich haben einige der Mond/Pluto-Klienten im Laufe ihres Lebens eine für sie emotional aufwühlende Erfahrung der Hilflosigkeit gegenüber der mütterlichen Macht gemacht. Doch auch wenn die Erinnerung daran einen wesentlichen Teil ihrer Psyche beeinflusste, das Bedürfnis sich gegen Intimität zu schützen, schloss nicht aus, dass sie gleichzeitig eine sehr bereichernde und häufig auch unterstützende Verbindung zu ihrer Mutter erfahren haben. Manchmal ging die Einsicht zum Mond auch in eine ganz andere Richtung, wie bei einer Klientin mit einem Skorpion-Mond, die immer dachte, ihre Mutter hätte etwas gegen sie, bis sie erfuhr, wie hingebungsvoll ihre Mutter um das Leben ihrer Tochter gekämpft hatte, als diese noch ganz klein und sehr krank war.

Als Anfängerin dachte ich, bereits alles zu wissen, wenn ich nur den Mond von jemandem kenne. Doch im Laufe der Zeit verstand ich den Mond im Horoskop mehr als das zu nehmen, was er eigentlich ist, nämlich ein zyklischer Planet. Manchmal steht er ganz groß und hell im Vordergrund. Zu anderen Zeiten ist er einfach nur ein kaltes Symbol, das mich aus dem Horoskop anstarrt. Ohne Tiefe oder Poesie. Bei einigen Klienten kann der Mond eine ganze Sitzung beherrschen. Bei anderen, oder bei dem gleichen Klienten zu einer anderen Zeit, ist der Mond überhaupt kein Thema. Ich hatte viele Jahre lang den Ruf, eine Mondexpertin zu sein, doch ich muss mir selbst immer wieder die Frage stellen: Was weiß ich wirklich, wenn ich den Mond von jemandem sehe? Was weiß ich, wenn ich meinen eigenen betrachte?

Der lebendige Mond

Die vedische Astrologie spricht von den Planeten und den Lichtern als heilige lebendige Wesen – als Götter und Göttinnen. Auch wenn ich zu einem Kreis von Frauen gehöre, die den Mond gern eine »Göttin« nennen, fällt mir diese Art von Sprache nicht leicht. Ich konnte nie daran glauben, dass der Himmel über mir voller Götter hängt wie viele bunte Smarties. Ich *kann* jedoch an Kräfte glauben, die über mich selbst hinausgehen. Und auch, wenn diese vielleicht nicht auf den Planeten zu finden sind und von dort aus unsere menschlichen Schicksale steuern wie in einem Flughafentower, so *sprechen* sie vielleicht doch mithilfe der Planeten zu uns. Was dort oben seine Kreise zieht oder hier unten im Horoskop steht, mag das Gleiche sein wie eine heilige Statue auf einem Altar eines hinduistischen Tempels – sichtbare Boten eines lebendigen Gottes. Das Wort »lebendig« fasziniert mich dabei total. Denn es bedeutet, dass ich nicht unbedingt ein Astrologiebuch aufzuschlagen brauche oder die Mondphase nachschlagen muss, wenn ich über den Mond nachdenke, sondern ich kann in meinem eigenen Leben nach ihm Ausschau halten, in meinem Körper, meinen Gefühlen und Stimmungen.

Während meiner Schwangerschaft verschlang ich dicke Wälzer über den Mond. Das war – da bin ich absolut sicher - der Mond selbst, der sich meines Körpers bemächtigte, mich füllte wie eine reife Frucht und unterdessen den neuen kleinen Herzschlag in mir nährte. Ich wusste ja gar nichts übers Kinderkriegen! Ich las Bücher, ich achtete auf meine Ernährung, doch die meiste Zeit stand ich nur daneben und schaute staunend zu, wie sich dieses Mysterium durch eine größere Kraft als mich selbst entfaltete. Als mein Sohn dann auf der Welt war, war es ganz sicher auch der Mond, der mir beibrachte, wie unglaublich schön es ist, sich um einen anderen Menschen zu kümmern. Von einem auf den anderen Tag löste sich mein Kreisen um mich selbst auf, die ständige Last, »wichtige« Projekte vorantreiben zu müssen und von einer Unternehmung in die nächste zu jetten. Vom Mond erlernte ich das unvergleichliche Glücksgefühl, das Licht eines anderen Wesens zu reflektieren.

Doch es kam auch wieder eine Zeit, in der ich keine Mutter mehr sein wollte. Ich wurde der ewigen Appelle an meinen Sohn Branden müde, sich doch die Zähne oder die Nase zu putzen und den Hund nicht zu ärgern. Ich wollte nicht morgens schon die Sendung mit der Maus und abends das Sandmännchen gucken oder mit Schlepplastern und Feuerwehrautos auf dem Wohnzimmerboden spielen. Ich fuhr zusammen, wenn ich die süße Stimme meines Dreijährigen hörte, die rief: »Mami, spielst du jetzt mit mir?« Natürlich wollte ich seinen Bedürfnissen gegenüber aufmerksam sein, ihn in seinen Gefühlen bestärken, Grenzen setzen, Möglichkeiten eröffnen und alles andere tun, was uns Psychologiebücher so empfehlen. Aber zwischendurch fühlte ich mich einfach wie eine ausgequetschte Zitrone. Ich verlor die Geduld und wurde zur bösen Hexe.

Den Kampf kann ich im Horoskop meines Sohnes wiederfinden. Er hat eine Mond/Jupiter-Konjunktion in Opposition zu Venus und im Quadrat zu Mars. Voller Schuldbewusstsein denke ich daran, wie ich für ihn das Marsquadrat symbolisiert habe. Ein Morgen ist mir dabei besonders in Erinnerung geblieben, als ich einen langen Kampf mit ihm ausgefochten hatte, damit er seine Zähne putzt, sich wäscht und sich aufs Töpfchen setzt, damit ich ihn anziehen und zu seiner Tagesmutter bringen konnte. Er schlich die Treppenstufen im Schneckentempo hinunter. »Lass uns gehen, Schatz, die Mami kommt sonst zu spät zur Arbeit.« Er stand einfach nur da und betrachtete den Tag. Ich nörgelte weiter und ein paar Schritte später hielt er an einem Blumenbeet an und fragte mich – wie so oft – ob er ein paar Blumen für seine Tagesmutter pflücken könne. Ich sagte nein, wir seien heute zu spät dran, er stampfte mit den Füßen auf und stieß einen schrillen Schrei aus wie eine Alarmanlage. Ich flippte aus. Ich schrie ihn an, ging zum Blumenbeet, riss eine Handvoll Blumen aus und warf sie ihm vor die Füße.

Ich werde oft von besorgten Müttern gefragt, was Quadrate oder Oppositionen zum Mond ihres Kindes denn bedeuten. »Machen Sie sich keine Sorgen,« möchte ich ihnen dann sagen. »Das finden Sie schon selbst heraus. Achten Sie einfach mal darauf, was Sie tun, wenn Sie hungrig, müde, gehetzt, wütend oder einsam sind.« Ein T-Quadrat aus Mond, Jupiter, Venus und Mars? Schauen Sie mich an, Brandens ungeduldige, abenteuerliche, nachsichtige und wütende Mama, in einer Szene wie ich sie schlimmer aus meiner eigenen Kindheit und meinen Therapiestunden nicht kenne.

Auftritt Mond. Mein Mond steht im 12. Haus im Quadrat zu Saturn. Ein schuldbewusster Mond. Mit so einem Mond muss man sich schon um die Bedürfnisse anderer kümmern, insbesondere um die seines Sohnes. Anders – psychologisch korrekter – ausgedrückt: Ich sollte mich zuerst um meine eigenen Bedürfnisse kümmern, damit ich stark genug bin, mich den Bedürfnissen anderer zuzuwenden, insbesondere denen meines Sohnes. Doch im 12. Haus verliere ich leicht den Kontakt zu meinen Gefühlen. Wie verwaiste, tollwütige kleine Hunde gehen sie auf alles los, was ihnen in die Quere kommt, knurren und beißen. Hier beginnt mein Mond/Saturn-Mantra: »Ich bin nicht gut genug, ich bin nicht gut genug.« Ein Zwölfthaus-Mond ist ein Mond, der sich kümmert; aber auch ein hungriger Mond, der sich als Opfer fühlt. Er kollidiert mit meinem Südknoten in Krebs im 11. Haus und sagt: Erst bedienst du die anderen, dann dich selbst, dann brichst du wie ein Kind zusammen.

Auftritt Brandens Mondknotenachse. Sein Nordknoten im 1. Haus weist darauf hin, dass er lernen muss, unabhängig zu werden und sich auf sich selbst zu verlassen; sein Südknoten im 7. Haus holt sich zuweilen Lebensenergie von anderen Menschen, ohne die er nicht sein kann. Sich selbst mit anderen in einen Gleichklang zu bringen, lautet der Auftrag seiner Seele. Er hat ein Leben lang Zeit, daran zu arbeiten. Insofern war es nicht sein wichtigstes Projekt, als er noch ein kleiner Knirps war. Doch wie oft habe ich ihn gefragt: »Branden, kannst du heute Abend mit deinen Teddybären spielen anstatt mit mir?«, und sein Südknoten rief weinerlich: »Das sind aber keine Leute!«

Wie oft habe ich mich im Kreis gedreht, bis mir eines Morgens der Mond mit seinem reflektierenden Licht und seinen Phasen vom Dunkelmond zum Vollmond zum Dunkelmond wieder eine Nachricht überbrachte. Der Mond empfängt und hält das Licht der Sonne, so wie eine Mutter ihr Kind empfängt und einen Rahmen für seine Welt schafft. Doch der Mond durchläuft Phasen, und so ergeht es auch uns Müttern: Wir können nicht permanent empfangen! Was die Psychologen vergessen oder was sie kaum berücksichtigen, daran erinnert uns der Mond, er führt es aus. Wenn der Mond hell erleuchtet ist, dann zeigt dies den Höhepunkt unserer reflexiven Kräfte an – unsere Fähigkeit zuzuhören und die Stimmungen und Bedürfnisse eines anderen Menschen intuitiv zu erfassen. Nächte, in denen der Mond dunkel bleibt, lehren uns die Notwendigkeit, uns zurückzuziehen und abzugrenzen. Der innere Mond muss sich erneut an der Quelle auftanken und das Licht der vielen Sonnen in seinem Leben abschütteln. Wenn wir diese Zyklen vernachlässigen, dann rächt sich unser innerer Mond dafür.

So ist das Leben mit den Göttern. Sie kämpfen, sie spielen, sie pfuschen, sie lügen, sie lieben, sie hassen, kurz – sie leben. Ein Hauptunterschied zwischen Polytheismus, dem Konzept vieler lebender Götter, und dem uns im Westen mehr vertrauten Monotheismus, in dem es einen Vater gibt, der über allem steht, ist, dass die Götter im Polytheismus sowohl gute als auch schlechte Eigenschaften haben. Wenn Sie sich einmal mit der Mythologie sogenannter eingeborener Völker befassen, werden sie feststellen, dass deren Göttern nichts fremd ist. Wenn es hingegen nur einen Gott gibt, dann darf ihm nichts Dunkles oder Böses zugeschrieben werden. Alles Schlechte wird ausgeschlossen, wie der Teufel Luzifer, der aus dem Busen unseres einen Christlichen Gottes gefallen ist. Wie oben so unten. Wenn wir unseren Göttern keine Fehlbarkeit erlauben, dann erlauben auch wir uns keine.

Dieser Perfektionsanspruch geht sehr tief und prägt unser Denken ganz wesentlich. Er verleiht uns das innere Bild einer zu jeder Zeit perfekten Mond-Mutter. Mit jeder neuen Kindesentwicklungstheorie erwirbt man sich als Mutter neue perfektionistische Erwartungen, wie man dieses unterstützen und jenes lassen sollte, so als ob es sonst nichts anderes im Leben gäbe. Vielleicht ist das die wirkliche Ursache der Wut vieler Mütter und dafür, dass unsere Märchen vor bösen Stiefmüttern nur so wimmeln, während die liebevollen Mütter eindeutig unterbesetzt sind. Natürlich war auch ich davon überzeugt, dass meine Mutter für alle meine Probleme verantwortlich ist... – solange bis ich selbst Mutter wurde. Jetzt frage ich mich: Wo ist die psychologische Theorie, die Mütter dazu anleitet, ihrem inneren Mond zu lauschen? Ich hörte einmal einen Vortrag von Anne Wilson Schaef, die über einen Stamm sprach, der Mutterschaft mit einem polytheistischen Geist angeht. Jedes Kind hat dort mehrere Mütter; alle Frauen im Stamm teilen sich die nährende Rolle. Das bedeutet, dass jede Mutter die Freiheit hat und dazu ermutigt wird, auf "Wanderschaft" zu gehen und sich in die Einsamkeit zurückzuziehen, wenn sie sich spirituell dazu aufgefordert fühlt.

Wir sind ein Sonnen-Volk. Die Vorstellung, dass wir permanent verfügbar sein sollten, ist speziell eine solare Vorstellung, denn die Sonne ist immer voll und scheint jeden Tag. Wir gehen mit dieser Erwartung zur Arbeit und in unsere Beziehungen, insbesondere in unsere intimen Partnerschaften. Und dafür möchte sich unser verleugneter Mond möglicherweise rächen. Wenn ich zu jemandem eine Beziehung habe, dann sind meine Emotionen ein Spiegel, sie reagieren und verändern sich. Und doch kann ich es nicht oft genug sagen: Man kann nicht die ganze Zeit auf Empfang geschaltet sein. Auch wenn ich das eigentlich schon ganz tief drinnen von mir selbst weiß, so vergesse ich es doch ständig in Bezug auf andere. Und es zu vergessen heißt, dass ich in die Falle der perfekten Mutter tapse. Wenn ich mich darüber ärgere, dass mein Partner meine Bedürfnisse nicht erfüllt, dann verlange ich von ihm „die perfekte Mutter", und mein innerer Mond hat mich in ein abhängiges Kind verwandelt. Das ist eine der Lektionen, die uns John Gray in seinem Bestseller *Männer sind anders. Frauen auch. Männer sind vom Mars. Frauen von der Venus.* lehrt. Intime Partnerschaften unterliegen emotionalen Zyklen, so Gray. Männer ziehen sich emotional zurück, um sich zu regenerieren, Frauen unterliegen einem Zyklus aus emotionalen Höhen und Tiefen. Wenn wir dies anerkennen, können wir uns selbst annehmen und nähren – und uns vom Bild der perfekten Mutter verabschieden. Worin Gray Unrecht hat, ist, dass er diese Zyklen mit den Rhythmen von Venus und Mars verbindet. Diese Zyklen gehören zum Mond.

In einem Solar, einem Stundenhoroskop, ja selbst in einem Radixhoroskop ist das Haus des Mondes eines, dem wir eine gewisse Veränderlichkeit nachsagen. Doch wie tragen wir dieser Veränderlichkeit im Radixhoroskop Rechnung? Was weiß ich wirklich, wenn ich Ihren Mond sehe? Was weiß ich, wenn ich meinen eigenen sehe? Ich sollte möglicherweise wissen, dass Sie und ich fließend und veränderlich sind, reflektierend, reagierend, dass wir uns zurückziehen und einen Zyklus von totaler Dunkelheit bis zum vollen Licht vollziehen. Das ist eine zutiefst bedeutsame Information, ein tiefer Schlüssel zum Schwung und Tanz des Lebens. Es ist der Grund, warum Lord Shiva, der Hinduistische Gott der Zerstörung und Schöpfung, dem Mond die Ehre erweist, indem er die Mondsichel in seiner Krone trägt. Der Mond lehrt uns, dass wir in ständiger Beziehung zueinander stehen – zu uns selbst und zu anderen – indem wir an Bewusstsein gewinnen und es wieder verlieren, indem wir dem Zyklus des wachsenden und schwindenden Lichtes folgen. Das trifft sowohl auf Männer als auch auf Frauen zu. Denn schließlich hat jeder von uns einen Mond! Doch als Mutter eines Kleinkindes suchte ich vergeblich nach einer psychologischen Theorie, die mir dabei hätte helfen können, diesen Zyklus der Intimität mit meinem Sohn besser zu verstehen. Die mir hätte aufzeigen können, wie ich mich zurückziehe und wieder annähere, damit auch er lernen kann, dass das der natürliche Lauf der Dinge ist und damit er 20 Jahre später nicht den Draht zu seinen Emotionen verliert und sich abschottet oder die Frau, die er eigentlich liebt, phasenweise hasst, weil er damals von seiner Mutter so enttäuscht war.

Mond trifft Mond

Astrologen gehen davon aus, dass zwei Menschen mit kompatiblem Mondstand oder harmonischen Aspekten zwischen dem Mond des einen und Planeten des anderen eine angenehme Beziehung miteinander führen können, mit viel Sympathie und intuitivem Verständnis füreinander. Der Mond beschreibt, was wir uns von unserem Familienleben erwarten und wie wir uns gern zu Hause fühlen möchten. Venus und Mars sagen etwas über die Leidenschaft in einer Beziehung aus. Aber für die Kompatibilität im Alltag – ob wir unsere Kleider gern ordentlich aufhängen oder sie lieber auf einen Haufen auf den Boden werfen – ist der Mond zuständig. Wenn die Mondstände kompatibel sind, dann sagen Menschen Sätze, wie: »Ich habe mich mit Robert von Anfang an unglaublich wohlgefühlt.« Oder: »Als ich Janina zum ersten Mal sah, war es bereits, als hätten wir einander schon immer gekannt.«

Wenn Beziehungen doch nur so bleiben würden! Je länger wir zusammen sind, desto mehr der geheimen Mondgänge und Falltüren entdecken wir, so dass das, was einst vertraut und attraktiv war, uns zunehmend irritiert und befremdet. Ich hatte drei Beziehungen mit Männern, deren Horoskope ähnliche Mondsignaturen aufweisen. Einer hatte den Mond in der Jungfrau, die anderen beiden jeweils im 6. Haus. Ich selbst bin Jungfrau-Aszendent, die Anziehung ist also verständlich. Ein Mann sucht häufig nach einer Frau, die die Eigenschaften seines inneren Mondes verkörpert. Anfangs liebten meine Männer die Art, wie ich die Jungfrau lebe, geschickt und gut organisiert, gesundheitsbewusst und analytisch, vernünftig. Was für ein Wunder es war, zu sehen, dass wir in allem übereinstimmten.

Wir waren uns so ähnlich! Doch schon nach kurzer Zeit fand ich mich in der gleichen Beziehung wieder und wurde für mein schlechtes Benehmen kritisiert. Auf einmal war ich bewertend, penibel und nicht unterstützend - die Jungfrau-Schatteneigenschaften. In meinen Zwanzigern, als ich mit meinem ersten Mann zusammenlebte, war das sicherlich eine berechtigte Kritik. Ich lebte damals ausschließlich meinen Aszendenten. In den zehn Jahren meiner darauffolgenden Beziehung arbeitete ich mit Hilfe von Stapeln von Büchern und einigen Therapeuten ernsthaft daran, mich dieser Maske zu entledigen. Ich lernte, dass Männer es nicht sonderlich mögen, kritisiert zu werden (Oh!). Ich entwickelte eine neue Toleranz und Geduld. Ich entdeckte die spaßige Seite meines Löwe-Mondes und den Abenteuergeist meiner Schütze-Sonne. Als ich die nächste Beziehung einging, war ich zutiefst überzeugt davon, eine andere Frau zu sein. Doch bereits nach vier Monaten unserer Liebe, während einer dunklen und sehr langen Nacht, hörte ich die vertrauten Worte wieder: »Ich finde, du bist bewertend, kritisch und abweisend.« Ich war am Boden zerstört.

Ein Freund von mir sagt: »Wenn zehn Männer dir sagen, dass du betrunken bist, dann leg dich hin.« Vielleicht war ich trotz all der Jahre innerer und äußerer Arbeit doch immer noch nicht mehr als mein kritischer Jungfrau-Aszendent. Doch wie seltsam, immer, wenn er seine Anschuldigungen gegen mich aussprach, hatte ich das Gefühl, dass mein kritischer, bewertender Liebster mich zurückwies! Wer also übernahm da gerade eigentlich die Jungfrau-Rolle? Und warum zog ich immer wieder Männer an, die genau dafür sensibel waren? War es mein eigener Mond im 12. Haus, gegenüber dem 6., der mich dazu brachte, die vertraute Opferrolle zu übernehmen, die ihr ewiges »Warum tun mir alle das nur an? - Skript« abspulte? Wenn Mond auf Mond trifft, dann ist das wie der Gang durch ein Haus voller Spiegel!

Was geschieht nun wirklich, wenn der Mond in die dunklen emotionalen Wasser eines anderen Menschen scheint? Wenn ich Sie anschaue, sehe ich dann Ihren Mond oder meinen? Wenn eine Reflektion auf eine andere trifft, dann erhalten wir eine optische Täuschung, die sich »Projektion« nennt. Was ich in Ihnen sehe, ist in Wirklichkeit möglicherweise etwas, das ich in mir selbst nicht erkennen kann. Diese Unklarheit ist in unsere astrologische Symbolik eingewebt. Der Mond eines Mannes zum Beispiel beschreibt sowohl seine eigenen Emotionen als auch seine Mutter und seine Frau. Da ich kein Mann bin, kann ich das sicherlich nicht vollständig beurteilen, doch auch der Mond einer Frau hat diese Doppelrolle und beschreibt sowohl ihr eigenes Gefühl als auch ihre Mutter. An den meisten Tagen fühle ich mich von meiner Mutter so verschieden wie eine Orange von einer Tomate, also wie kann mein Mond für uns beide stehen? Und warum ist mein Mond ganz anders als der meiner Schwester, wenn wir doch die gleiche Mutter haben?

Ich habe einen Löwe-Mond und neige dazu, meine Mama mit Löwe-Ausdrücken zu beschreiben. Ich sehe sie als Künstlerin, als Schauspielerin, als Narzisstin, als Kind. Da mein Mond im geistig orientierten 12. Haus steht, betrachte ich meine Mutter aber auch als diejenige, die mir sowohl alles über Märchen, Magie und spirituelle Dinge beigebracht hat – als auch das Leben einer Opferrolle und verschwommene emotionale Grenzen. Meine Schwester hingegen hat einen Steinbock-Mond. Sie beschreibt meine Mutter mit Steinbock-Worten, als eine diktatorische Karrierefrau, ehrgeizig, distanziert und kalt. Der Mond meiner Schwester steht in Haus 3, dem Haus der Kommunikation. Für sie ist unsere Mutter extrem gesprächig, voller Ideen und Versprechungen, die jedoch letztlich nicht hält, was sie verspricht. Jedes unserer Horoskope spiegelt einen anderen Aspekt des Horoskops unserer Mutter wider. Mein Mond in Haus 12 spiegelt den Mond meiner Mutter in den Fischen. Der Steinbock-Mond meiner Schwester findet sich im Steinbock-Aszendenten meiner Mutter wieder.

Moderne Philosophen behaupten, dass wir uns unsere Eltern aussuchen. Vielleicht gab es vor unserer Geburt tatsächlich so etwas wie einen Großausflug in ein riesiges Einkaufszentrum der Oberwelt, worüber wir uns jetzt vielleicht wundern mögen, ganz nach dem Motto: »Was habe ich mir bloß dabei gedacht?«. Eine pragmatischere Erklärung könnte folgender Ansatz sein: Wenn wir uns unsere Eltern anschauen, dann selektieren wir genau die Details, die unsere Erwartungen bestätigen, der Rest schrumpft auf ein Minimum zusammen. Das heißt, wir »wählen« unsere Eltern durch den

Filter unserer Planeten, wir erschaffen sie uns im Grunde selbst, indem wir uns dafür entscheiden, was wir über sie denken möchten. Meine Mutter litt nach der Geburt meiner Schwester unter einer Wochenbettdepression, was zu der Steinbockfärbung des Mondes meiner Schwester passt. Meine Mutter hat sich immer darüber beklagt, dass meine Schwester als Baby so kühl und distanziert war, dass sie nie ein Lächeln von ihr zu sehen bekam und dass sie sie als Mutter scheinbar von Anfang an ablehnte. Beide beschwören, lediglich auf den anderen reagiert zu haben. Ich hingegen, mit meinem ausdrucksstarken Löwe-Mond sei ein warmes, liebevolles Kind gewesen, so meine Mutter. Und im Gegensatz zu meiner Schwester erinnere ich mich an viele Gelegenheiten, in denen meine Mutter mir Mut zusprach und wo sie kreativ war. Spiegelt sich nun ihr Mond in meinen Gewässern oder meiner in ihren?

Der Mond ist Erinnerung, Behälter unserer Vergangenheit. Doch er ist auch durchlässig, reaktiv und veränderlich. Nach meinem letzten Jungfrau-Mann ging ich eine Beziehung mit einem Wassermann-Mond im 10. Haus in Opposition zu meinem ein. Was für eine Erleichterung! Endlich war ich nicht mehr »überkritisch« und »pingelig«. Nachdem der Schleier der Romantik von uns abgefallen war, bewarfen wir uns stattdessen mit Beleidigungen, wie »Du bist eine solche Narzisstin!« und »Immer arbeitest du, nie hast du Zeit für mich!« Es hat ein paar Jahre gedauert, bis sich unsere Monde aneinander ausgetobt und das Territorium abgesteckt hatten, doch jetzt fühlen sie sich ganz wohl miteinander und unterscheiden sich völlig von den Monden unserer früheren Partner.

Wenn der Mond unser gewohntes und sich veränderndes emotionales Leben beschreibt sowie die Eigenheiten von Müttern und Partnerinnen, dann kann es keine astrologische Beschreibung geben, die das alles unter einen Hut bringt. Aus diesem Grund sollten praktizierende Astrologen erst einmal abwarten und den Mond in der Beratung von selbst zu Wort kommen lassen. Noch besser, studieren Sie Ihren eigenen Mond in aller Tiefe, damit Sie seine Bedürfnisse und Projektionen außen vor lassen können. Denn dann kann Ihr Mond sein Bestes geben: zuhören, reflektieren, intuitiv sein und die strahlende Sonne nähren, die Sie gerade vor sich sitzen haben.

Merkur

Meine Erfahrung hat mich gelehrt, Merkur gegenüber sowohl Respekt als auch ein gesundes Misstrauen an den Tag zu legen. Als Planet der Sprache ist Merkur gleichzeitig Magier und Trickster. Es liegt Magie in Merkurs Worten. Durch Gebete und heilige Mantren verbinden uns Worte mit den Göttern; durch die Macht der Benennung unterstützen uns Worte dabei, das Chaos zu meistern; durch Sprache kommunizieren wir mit anderen; wir erfinden, bauen etwas auf, ändern unsere Meinung wieder und formen unsere Welt neu. Durch die Macht der Worte vergessen wir zuweilen, wer wir sind und halten uns selbst für Götter. Aber natürlich sind wir keine. Und genau da wirkt Merkur als Trickster und schiebt uns heimlich eine Bananenschale unter die Füße, wenn wir gerade nicht hinschauen. Er legt uns Worte in den Mund, die uns entgleisen lassen, uns bloßstellen und erinnert uns so daran, dass sich jeder einmal zum Narren machen muss. Aus diesem Grund lieben wir auch Skandale bei Prominenten so sehr – weil dann der Scheinwerfer nicht auf unser eigenes Clownkostüm gerichtet ist.

Wenn eine prominente Persönlichkeit im Ansehen der Öffentlichkeit fällt, dann sind meist Transite von langsam laufenden Planeten mit im Spiel, beispielsweise Pluto. Doch Merkur ist häufig ein Mitverschwörer, der sich heimlich ins Fäustchen lacht. Pluto-Transite können zwar die Demaskierung bewirken, doch der Skandal selbst wird letztlich immer durch Worte ausgelöst. Als Mel Gibsons Ruf den Bach runterging, nachdem er eine antisemitische Hasstirade während einer Verhaftung wegen Alkohols am Steuer losgelassen hatte, stand Pluto im Quadrat zu seinem Fische-MC – ein passender Transit für die Demontage des eigenen Bildes in der Öffentlichkeit.[1] Doch wenn man die Art des Vergehens berücksichtigt, sollte der Blick auf Merkur nicht fehlen. Gibsons Merkur steht im Zeichen Steinbock, dem man im Allgemeinen Ehrgeiz, Scharfsinn und eine konservative Haltung nachsagt. Gegenüber steht der exzentrische, ja sogar arrogante Uranus, und im Quadrat dazu der künstlerische Neptun, mit spirituellen Neigungen und einem Hang zur Sucht. Zwei Jahre zuvor hatte sich diese Merkur-Kombination auf magische Weise in dem enormen Erfolg des Films »Die Passion Christi« ausgedrückt. Gibson als Drehbuchautor und Regisseur hat den Film mit seinem tiefen katholischen Glauben und seiner Hingabe an Gott erfüllt (Neptun). Er war in seiner Anschauung streng und fundamentalistisch (Steinbock), aber auch kontrovers und auf geniale Weise mit dem Kollektiv unserer Zeit im Einklang (Uranus), was sich in klingelnden Kassen bemerkbar machte. Dank seiner merkurischen Magie benannte Forbes Gibson als den mächtigsten Prominenten der Welt. Zwei Jahre später jedoch, auf einer dunklen Straße in Malibu, stolperte Merkur, der Trickster, aus Mels Auto. Betrunken (Neptun), arrogant (Uranus) und dogmatisch (Steinbock), wurde aus dem Genie ein Narr.

James Frey muss sich wie auf den Olymp gehoben gefühlt haben, als Oprah Winfrey seine Autobiografie *Tausend kleine Scherben* für ihren Buchclub auswählte. Sie stellte ihn vor als den Mann, »der mich die ganze Nacht wach hielt.« Das Buch sei so fesselnd gewesen, sie hätte es nicht aus der Hand legen können, und so abgrundtief ehrlich, dass sie wusste, es würde vielen Menschen helfen können. Warum auch nicht? Frey mag ein Drogenabhängiger gewesen sein, ein Alkoholiker und verurteilter Krimineller, aber seine Merkur/Jupiter-Konjunktion lässt vermuten, dass er sich durchaus einmal im Leben Respekt und Anerkennung verschaffen und seine Worte Einfluss haben können.[2] Dass beide Planeten in der Waage stehen, lässt literarisches Flair und künstlerische Leistungsfähigkeit vermuten sowie den Wunsch nach Popularität und Akzeptanz. Frey hat außerdem ein Mars/Pluto-Quadrat in seinem Horoskop, was auf eine dunkle Seite hinweist, die er in Oprahs Show offen darlegte. »Ich war ein übler Kerl«, so seine Aussage. »Ein ehrliches Buch zu schreiben, ein wahres Buch zu schreiben, hat für mich bedeutet, mich selbst sehr, sehr negativ zu beschreiben.«

Tausend kleine Scherben brachte es in Windeseile auf die Bestsellerliste der New York Times. Doch Monate später, als Pluto über Freys Mars/Pluto-Quadrat transitierte, wurden Stimmen laut, dass ein Teil von Freys »wahren« Geschichten reine Erfindungen seien.

Oprah holte Frey noch einmal zu einer unangenehmen öffentlichen Buße in ihre Show. Doch wer hatte ihm die Hand geführt und seinen Mars/Pluto-Aspekt aufgebläht, seine dunklen Seiten übertrieben? Merkur-Jupiter macht Dinge gern größer, auch wenn es von Natur aus keine Lügenstruktur ist. Eigentlich fordere der Jupiter Merkur sogar dazu auf, moralisch und ethisch integer und bei der Wahrheit zu bleiben. Nur ist es bei Jupiter eben so, dass das, was wahr ist, nicht das Gleiche sein muss, wie das, was sich literarisch manifestiert.

In der Mythologie hat Merkur (oder Hermes, wie er bei den Griechen heißt) die Macht, Götter milde zu stimmen und zum Lachen zu bringen. Er konnte außerdem Seelen von und zur Unterwelt begleiten, doch er log und stahl auch und gab sich dem Klatsch und Tratsch hin. In vielen Kulturen teilen Merkurs Entsprechungen diese Dualität zwischen Magier und Trickster, der nordische Loki zum Beispiel, der indianische Coyote oder der Rabe der Eskimos. Dies legt die Vermutung nahe, dass wir uns an unterschiedlichen Orten und zu unterschiedlichen Zeitaltern darin einig sind, dass Gedanken etwas sehr Flüchtiges und Unzuverlässiges sind. Sie können von Genie zeugen, uns aber auch demontieren.

Cynthia McKinney war die erste afroamerikanische Frau aus Georgia, die es in den Kongress schaffte, eine Leistung, die sie zweifellos unter anderem ihrem Wassermann-Merkur in Opposition zu Pluto verdankt.[3] Diese Konstellation segnet sie mit einem schnellen, fortschrittlichen Verstand und der Bereitschaft, gegen vorherrschende Machtstrukturen anzukämpfen. Eine Merkur/Pluto-Kombination lässt sich gern auf eine Auseinandersetzung ein. Als Pluto über ihre Fische-Sonne transitierte, erwarb sich McKinney nationale Aufmerksamkeit wegen eines Streits mit einem Sicherheitsbeamten im Kongress. Sie behauptete voller Entrüstung, er habe sie aus rein rassistischen Gründen nicht durchgelassen, obwohl berichtet wurde, dass sie schlicht und einfach nicht das erforderliche Sicherheitsabzeichen trug. McKinney wurde daraufhin zu einer Witzfigur in den Medien und verlor ihre nächste Wahl. Es war nicht das erste Mal, dass Merkur sie in Schwierigkeiten gebracht hatte. Merkur/Pluto-Typen fühlen sich zuweilen angezogen von geheimen, konspirativen, ja selbst gefährlichen Informationen. In einer ihrer Kampagnen behauptete McKinney beispielsweise, dass Präsident Bush vor dem Attentat des 11. Septembers über entsprechende Informationen verfügt hatte und nichts tat, um die Ereignisse zu aufzuhalten. Auch dadurch verlor sie eine Wahl. Doch Merkur-Pluto gibt so schnell nicht auf. McKinney versuchte es erneut und gewann. Vielleicht schafft sie es sogar noch einmal.

☿ ☿ ☿

Als ich begann, astrologische Beratungen zu geben, schlug mir eine meiner Lehrerinnen eine clevere Technik vor, um einen guten Rapport zum Klienten herzustellen: »Wenn du möchtest, dass deine Klienten dich wirklich hören, dann schau dir die Position ihres Merkurs an und sprich mit ihnen auf diese Art und Weise.« Soweit ich das beurteilen konnte, sprach meine Lehrerin allerdings immer nur auf die gleiche Art.

Obwohl ihre Idee gut klang und Merkurs nachahmendem Charakter entsprach, hatte ich keinen blassen Schimmer, wie ich das anfangen sollte. Wie sollte ich meine Sätze formulieren, um einen Merkur im Stier im 7. Haus im Quadrat zu Mars zu erreichen? Oder einen Schütze-Merkur im 2. Haus im Quinkunx zu Saturn? Ich zerbrach mir den Kopf. Doch in der Nervosität meiner ersten Beratungen verschwanden meine Gedanken über merkurische Abkürzungen zum Erfolg ohnehin schnell im Hintergrund.

Merkur ist der Planet der Kommunikation und, allgemeiner gesagt, der Herr über Verbindungen aller Art. Er herrscht über Kaufmännisches, wie Einkauf und Verkauf, und kann in einem Stundenhoroskop für Kaufleute, Verträge, Rechnungen und Korrespondenz stehen. Er ist auch für das interne Kommunikationssystem unseres Körpers zuständig, das Netzwerk unserer Nerven. Wenn er im Radixhoroskop verletzt oder übermäßig betont ist, kann Merkur hier auf ein hyperaktives Nervensystem hinweisen. Auch die Hände gehören zu Merkurs Reich; ein starker Merkur deutet z.B. auf handwerkliche Geschicklichkeit hin oder auf eine besondere Fähigkeit im Umgang mit Maschinen. Doch in erster Linie weist Merkurs Stellung auf unseren Zugang zu Verbindung hin, insbesondere, wie der Verstand am liebsten Informationen empfängt und sendet. Man sagt, dass Merkurs *Zeichen* bestimmt, *wie* wir denken, und sein *Hausstand*, *worüber* wir nachdenken. Doch im Laufe der Jahre fühle ich mich mit solchen Verallgemeinerungen immer unwohler. Mehr als einmal schon hat der geflügelte Merkur solch einfache Formeln über den Haufen geworfen.

Es ist jetzt 16 Jahre her, dass ich Astrologin geworden bin. Ich kann mir heute das Horoskop eines Menschen anschauen und eine gute Einschätzung darüber abgeben, wie gut wir beide miteinander kommunizieren werden, ob wir uns wie Freunde unterhalten und mehr zu erzählen haben als in eine Sitzung passt, oder ob es Widerstand und längere Redepausen geben wird. Doch meist ist es gar nicht Merkur, der mir darüber Auskunft erteilt. Wenn ich mich auf eine Beratung vorbereite, ist es in der Tat sehr selten, dass Merkur mir entgegenspringt und sagt (wie andere Planeten es häufig tun): »Beachte mich, ich werde in dieser Sitzung wichtig sein!« Natürlich, ohne Merkur gäbe es überhaupt keine Beratung, doch in dem Moment, inmitten des Geschehens, verschwinden seine Eigenschaften häufig im Hintergrund. Man sieht ihn, man sieht ihn nicht – ganz wie der astronomische Merkur. Durch seine Nähe zur Sonne ist er nur in der Dämmerung sichtbar, und auch nur für kurze Zeit. Das Gleiche gilt für den astrologischen Merkur. Sein Zeichen, sein Haus und seine Aspekte spielen zwar im Gesamtbild eine Rolle, stechen aber nicht permanent hervor.

In *Die inneren Planeten* erzählt Howard Sasportas eine unterhaltsame Geschichte aus einem Merkur-Seminar, in dem er eine Übung mit den Teilnehmern machte, nachdem er sie entsprechend ihres Merkurstandes in Gruppen eingeteilt hatte.[4] Wie erwartet, war die Gruppe mit Merkur im Widder zuerst fertig, während die Gruppe mit Merkur im Stier länger brauchte. Die Zwillinge hatten viermal so viel an Informationen zusammengetragen wie alle anderen Gruppen. In der Krebs-Gruppe massierten die Teilnehmer einander nach Abschluss der Übung. Es gab nur einen Löwe-Merkur, der sich den Wassermännern anschloss. In dieser Gruppe gab es entsprechende Spannungen. Die Gruppe mit Merkur in Jungfrau geriet ins Diskutieren, eine Frau brach gar in Tränen aus, als die anderen ihre Meinung kritisierten. Die Gruppe mit Merkur in der Waage diskutierte herzlich und schrieb ihre Liste in Schönschrift. Sasportas erinnert sich nicht mehr an die Skorpion-Gruppe, die alle mit Schütze-Merkur jedoch hasteten durch die Übung und verloren sich dann in einer philosophischen Diskussion. Die Gruppe mit Merkur im Steinbock rief Sasportas häufiger zu sich, um Fragen zu stellen und sicher zu gehen, dass sie auch alles richtig machten, während die Gruppe mit Merkur in den Fischen Schwierigkeiten dabei hatte, die Eigenschaften ihres eigenen Zeichens herauszukristallisieren.

Wenn Merkurs Zeichenstand nur immer so offensichtlich wäre! Ich habe einmal für einen Mann mit Merkur in den Fischen im 2. Haus gearbeitet. Man würde da wohl einen poetischen, spirituellen, intuitiven oder künstlerischen Stil erwarten, eine emphatische Grundhaltung, vielleicht etwas vage und konfus, möglicherweise mit einer kleinen Neigung zum Lügen oder Jammern. Doch so war Jim nie. Er war ein starker Wettbewerbstyp, ein vollendeter Stratege und ausgezeichneter Geschäftsmann. Wenn alle um ihn herum den Kopf verloren, zeigte er eine bemerkenswerte Fähigkeit, die Panik abzuschwächen und alle logisch und methodisch aus der Krise zu führen. Erst nachdem ich ihn bereits ein Jahr kannte, erfuhr ich etwas über sein »geheimes« Leben: Er und seine Frau interessierten sich sehr für Meditation, Chakras, Astralreisen und Fernwahrnehmung, ganz im Einklang mit seinem Fische-Merkur. Das 2. Haus ist das des Geldes, das heißt, hier würden wir erwarten, dass er sich mit Finanzen befasst, und er war auch tatsächlich der Buchführer der Firma. Doch die Beschäftigung mit Zahlen war für ihn keine Leidenschaft. Was er wirklich liebte und wofür er bekannt war, war das Erzählen von Geschichten – über die Vergangenheit, Militärgeschichte insbesondere, und über Menschen, die er getroffen und Dinge, die er gelernt hatte, von seiner Kindheit an bis zum vergangenen Wochenende. Meine Kollegen verschwanden immer schnell in ihren Büros, wenn sie ihn kommen sahen, weil sie wussten, dass er sie für Stunden fesseln konnte.

In Anbetracht von Jims Fische-Merkur im 2. Haus – wie erklärt sich sein Ruf als scharfsinniger Denker mit einem guten Geschäftssinn und einer Vorliebe für lange Reden? Es ist ganz einfach. Sein Aszendent steht im strategischen, geschäftstüchtigen Steinbock und seine Sonne im Ich-Ich-Ich-Zeichen Widder im geschwätzigen 3. Haus. Es ist nämlich ganz schön schwierig, Platzierungen im Radix isoliert zu betrachten, den Mond als die Emotionen, Venus als die Liebe, die Sonne als das Ego. Wo hört der eine Planet auf und wo fängt der andere an? Und Merkur ist wahrscheinlich noch am allerschwierigsten zu isolieren, weil Verstand und Sprache sich im ganzen Horoskop ausbreiten. Wenn wir über alle anderen Planeten nicht nachdenken oder sprechen könnten – wie begrenzt wäre ihre Ausdruckskraft! Der astrologische Merkur ist wie der mythologische, er ist ein Botschafter, der Informationen hin und her befördert zwischen all den Göttern auf dem Olymp. Die Jung'sche Astrologin Alice O. Howell beschreibt Merkurs Rolle so: »Wenn Sie einmal auf Ihre Turnschuhe schauen, dann sind die Löcher für den Schnürsenkel die Planeten, und Merkur ist der Schnürsenkel, der alles verbindet und zusammenhält.«[5] Merkur trägt auch die Gedanken, Träume und Ängste der anderen Planeten. Deswegen treten seine eigenen Eigenschaften zuweilen in den Hintergrund.

Die Hausposition von Merkur kann eine spezielle Fähigkeit im Umgang mit Themen dieses Hauses anzeigen, doch es ist lächerlich zu sagen, dass dieses Haus unsere Gedanken am meisten beschäftigt, wie einige Astrologiebücher behaupten. Ich habe einmal mit einer Gruppe von Frauen zusammengearbeitet, in der über nichts anderes als Beziehungen gesprochen wurde – wie man einen Partner findet, wie man ihn behält, wie man an der Partnerschaft arbeitet oder sie verliert. Doch keine hatte Merkur auch nur in der Nähe des 5. Hauses der Romanzen oder des 7. Hauses der Beziehungen. Oder eine Freundin, mit der ich mich öfter auf einen Kaffee treffe, die Merkur im 4. Haus der Familie hat. Sie erwähnt ihre Familie schon mal, ja, ungefähr so häufig wie ich meine erwähne. Doch wenn ihre Augen zu leuchten beginnen und sie mir eine interessante Geschichte erzählt oder sie Kummer hat und ihre Sorgen mit mir bespricht, dann könnte der geflügelte Planet überall in ihrem Horoskop umherflattern.

☿ ☿ ☿

Menschen rufen Astrologen häufig dann an, wenn sie verwirrt oder unsicher sind; sie möchten wissen, was passieren wird. Im besten Falle verlassen sie die Beratung mit einem Gefühl der Inspiration und Rückversicherung. Vielleicht bekommen sie sogar eine gute Prognose mit auf den Weg. Häufiger jedoch erhalten sie die einmalige Gelegenheit, ihre eigenen Gedanken zu untersuchen, zu verstehen, wie ihr Denken geprägt ist und Anregungen aufzunehmen, die ihnen neue Möglichkeiten eröffnen. Ich spreche in meinen Beratungen viel über Gedanken, weil nichts eine größere Macht besitzt, eine gute oder schlechte Zukunft zu erschaffen. Es könnte ein phantastischer Transit anstehen, doch der Betroffene hat die Angewohnheit zu denken: »Ich bekomme ja ohnehin nie etwas auf die Reihe« und jede noch so gute Prognose verliert ihre Kraft. Das ist der Grund, warum im Tarot-Deck die Merkur-Karte (der Magier) die erste Karte im Deck nach dem aufnahmebereiten Narren ist: Alles Handeln entspringt aus unseren Gedanken.

Der mythologische Merkur wird mit zwei Flügelpaaren dargestellt – ein Paar an seinen Füßen und ein anderes auf seinem Kopf. Dies suggeriert eine mentale Beweglichkeit, die sowohl nach oben als auch nach unten gerichtet sein kann, in Richtung Erde und in Richtung Himmel. Mit anderen Worten, unsere Gedanken können praktisch und realistisch sein – aber auch göttlich inspiriert und kreativ. Diese Dualität wird noch weiter verstärkt durch die beiden Zeichen, über die Merkur herrscht. Das Erdzeichen Jungfrau verleiht uns die Fähigkeit zur Analyse, zur Unterscheidungskraft, dazu, unsere Erfahrungen zu klassifizieren und zu verarbeiten, damit wir praktische Meisterschaft über unsere Welt erlangen. Das Luftzeichen Zwillinge ist neugierig, flexibel, anpassungsfähig und kann ein Thema solange umkreisen, bis es die günstigste Perspektive gefunden hat. Ein Astrologe braucht beide Modi. Mit Jungfrau sehen wir uns jedes Symbol genau an, studieren sein Muster wie ein Etymologe seine Schmetterlingssammlung, und übertragen seine Handlungsanweisung auf das Leben. Mit Zwillinge jagen wir lebendige Schmetterlinge, die uns immer wieder entwischen und an die wir uns in jedem Augenblick neu anpassen müssen. Zu viel Jungfrau und wir sehen die Realität gar nicht mehr – denn das wirkliche Leben ist viel dynamischer und komplexer als unsere Versuche, es zu klassifizieren. Zu viel Zwillinge und alles könnte wahr sein, je nachdem an welchem Tag wir daran denken. Ein guter Astrologe hält beide Merkur-Arten im Gleichgewicht, was auch bedeutet, seinen

Sinn für Humor und eine gewisse Demut der eigenen Arbeit gegenüber zu bewahren. Wenn eine Beratung erfolgreich verläuft, können wir dies vielleicht der Genauigkeit unserer Analyse zuschreiben, aber vielleicht war es auch einfach so, dass wir unsere eigenen Anschauungen aus dem Weg geräumt haben und Merkur - wie von Zauberhand geleitet - mit der richtigen Botschaft im richtigen Moment einflog.

☿ ☿ ☿

Ich habe nie wirklich herausgefunden, wie man mit Menschen auf die Art und Weise ihres Merkurs kommuniziert, doch einmal bin ich sehr nahe herangekommen. Ich hatte kurz zuvor an einem NLP-Seminar teilgenommen und gelernt zu »spiegeln«, eine Technik, bei der man seine Gesten und Satzmuster dem Gegenüber anpasst, um den Rapport, die Verbindung, herzustellen. Kurz darauf hatte ich ein Vorstellungsgespräch. Als ich ankam, kam ich mir total lächerlich und unterqualifiziert vor. Ich sah all die Bewerber dort sitzen, die mir weitaus kompetenter und zuversichtlicher erschienen als ich selbst. Ich ließ von meinem Vorhaben los, diesen Job zu bekommen, und beschloss, statt dessen das frisch erlernte Spiegeln zu üben. Das war in der Tat eine gute Idee, da mein Gesprächspartner, ein extrem auffallender und exotischer Mann, geschlagene 55 Minuten lang ununterbrochen sprach. Ich hätte gar keine Gelegenheit gehabt, mich zu verkaufen, selbst wenn ich es gewollt hätte. Also spiegelte ich ihn. Ich lehnte mich nach vorne, wenn er es tat, faltete meine Hände, wenn er es tat, stimmte meine Atmung auf seine ab. Und als ich fünf Minuten lang das Wort hatte, sprach ich mit der gleichen Intonation, dem gleichen Tempo und dramatischen Flair, mit dem er gesprochen hatte. Zu meiner Überraschung lud man mich zu einem zweiten Gespräch ein. Dieses fand mit einer Frau statt, ein völlig anderer Mensch. Ich saß also mit geschlossenen Knien da, so wie sie, sprach langsam und leise und benutzte geschäftsmäßiges Vokabular. Man bot mir den Job an, doch ich lehnte ab – meine Pläne hatten sich geändert. Anderthalb Jahre später riefen sie mich wieder an und boten mir den gleichen Job erneut an.

Damals nahm ich das als Bestätigung der Macht des Spiegelns. Doch immer wenn ich wieder einmal über das Geheimnis der Kommunikation nachdenke, fällt mir diese Erfahrung wieder ein. Und obwohl ich ein absolutes Merkurkind bin, war das meine erste Erfahrung mit Merkurs Zwillingsschwester, der Schweigenden. Es kommt mir mittlerweile so vor, als knüpfe *sie* in Wirklichkeit die Verbindungen, diejenige, die zuhört, nicht der, der spricht. Denn ich habe mein Gegenüber ja nicht nur nachgeahmt, ich habe ihm bzw. ihr auch intensiv zugehört. Ich habe beide Gesprächspartner aufmerksam wahrgenommen, mit einem Minimum an innerem Geplauder und Beurteilung, was auch der Grund dafür ist, warum ich mich selbst so viele Jahre danach nicht nur an beide erinnere, sondern sie auch noch in *guter* Erinnerung behalten habe.

Um seine Fähigkeit zum Zuhören zu verbessern, muss der geschäftige Merkur gewillt sein, ab und an sein Tempo zu verringern. Und das sehe ich als Hauptvorteil von Merkurs berüchtigten Rückläufigkeitsphasen, die drei Male im Jahr, wenn er langsamer wird und sich am Himmel scheinbar rückwärtsbewegt.[6] Selbst Menschen, die ansonsten nichts weiter über die Astrologie wissen, haben schon von diesen Phasen gehört. Die Kommunikation bricht zusammen, Maschinen funktionieren nicht mehr, Vertragsabschlüsse ziehen sich hin und Terminpläne verschieben sich. Alle Aktivitäten, die mit Merkur zusammenhängen scheinen zu versagen, weil Merkur während seiner Rückläufigkeitsphase seine gewohnte Effizienz verliert. Der vollendete Vermittler vermittelt nicht mehr, was für den Verstand so gesund ist wie ein Traum. Doch es ist eben schwierig, wenn man weiterhin versucht, einen engen Zeitplan einzuhalten oder schwere Maschinen zu bedienen. Wenn man eine oder zwei Wochen vor der Rückläufigkeit ein wenig aufpasst, dann kann man es fühlen, wenn die Gedanken wegdriften. Das ist eine Einladung an uns, Merkur seiner Bürden zu erleichtern und es dem Verstand zu gestatten, sich zu entspannen, wie ein Luftballon, aus dem man die Luft herauslässt. Oder, um Howells Metapher zu benutzen, die Rückläufigkeit bedeutet, dass unsere Schnürsenkel einmal für drei Wochen offen sind. Wenn Sie unbedingt darauf bestehen müssen, damit zu rennen, dann stolpern und fallen Sie eben.

Ich habe viel weniger Angst vor dem rückläufigen Merkur als viele meiner Kollegen. Ich habe Jahre in einer kommunikationsorientierten Firma verbracht, das perfekte Labor, um Merkurs Rückläufigkeit zu untersuchen. Wir haben Studien durchgeführt, Fragebögen und Berichte verfasst. Das erforderte die Koordination von Tausenden von Menschen in Hunderten von Projekten im ganzen Land. Ich fand heraus, dass es kompliziert wurde, wenn Merkur rückläufig war, und dass es leicht wurde, wenn er direktläufig war. Aber das Gegenteil war genauso wahr: Die Mehrheit unserer Projekte in der Rückläufigkeitsphase verlief glatt, genauso wie in der übrigen Zeit – sonst wären wir wohl pleite gegangen. Vielleicht war der einzige Unterschied, dass wir in der Rückläufigkeitsphase den Planeten hatten, dem wir die Schuld geben konnten für unsere Fehler und den ganzen Stress. So sehr ich auch ein klares Muster finden wollte, stellte ich doch fest, dass merkurisches Durcheinander zu jeder Jahreszeit passieren kann. Und das führt uns zu Merkurs Doppelgesichtigkeit zurück – dem Magier und dem Trickster – und dazu, was Jahre des buddhistischen Trainings mich gelehrt haben: In dem Moment, wo du zu wissen glaubst, was du tust, ist die Chance groß, dass dem nicht so ist! Gott sei Dank ist Merkur da, wenn wir fallen und hilft uns zu lachen und aus unseren Fehlern zu lernen.

Venus

Venus war schon immer mein schamhaft gehütetes Geheimnis. Ich selbst habe eine Venus im Skorpion. Als Einsteigerin in die Astrologie lernte ich, dies bedeute, dass ich eine intensive, verführerische und leidenschaftliche Frau bin. Ich hätte nichts dagegen so zu sein. Ich würde mich sogar mit der Schattenseite der rachsüchtigen Hexe anfreunden. Doch die üblichen Beschreibungen für Venus im Skorpion haben mich nie richtig überzeugt. Es ist mein unbewusster Planet. Vor Jahren hat mein damaliger Ehemann mich für eine Frau verlassen, die wahrscheinlich eine Venus im Skorpion war. Sie war dunkel, mysteriös und voll sexueller Leidenschaft. »Alles,« so sagte er mir, »was du nicht bist.«

Mein Horoskop erzählt genau diese Geschichte meiner Venus-Enteignung. Venus fällt bei mir in das 3. Haus der Geschwister: Meine Schwester ist die Venus in der Familie. Sie war Papas Liebling. Sie hat lange dunkle Haare, Mandelaugen und konnte immer schon Radfahren, Roller Skaten und auf Pferden galoppieren. Ich hingegen war ungeschickt, trug eine Brille, hatte kurzes mausbraunes Haar und nicht annähernd etwas Verführerisches an mir. Ich hatte immer das Gefühl, von einer unsichtbaren Kraft an der Ausübung venusischer Dinge gehindert zu werden. Das ist das Pluto-Quadrat zur Venus aus meinem 12. Haus. Stünde Pluto in einem anderen Haus, wäre ich vielleicht intensiver, leidenschaftlicher oder sogar besessener, wie dieses Quadrat zuweilen beschrieben wird. Doch meistenteils habe ich diesen Aspekt als eine tiefe Unzulänglichkeit, ja regelrechte Angst, in Bezug auf Männer erfahren. Meine Venus hat außerdem noch ein Quadrat zum Mond, eine häufige Signatur für Rivalität unter Frauen. Häufig wird durch diesen Aspekt eine Mutter-Tochter-Konkurrenz beschrieben, bei der die Mutter auf subtile Art und Weise die Weiblichkeit ihrer rivalisierenden Tochter untergräbt. Vielleicht lag es an dem Vater-Töchter-Dreieck in unserer Familie, dass meine Mutter meine Mädchenhaftigkeit untergrub, indem sie mich zu *ihrer* Favoritin erklärte, was wiederum mit einer mehrdeutigen Botschaft bezüglich meiner Weiblichkeit verbunden war. So lobte sie mich zwar häufig für meine Intelligenz und Charakterstärke, aber niemals für meine Schönheit.

Ich gab das Mädchensein schon sehr früh auf, vielleicht so mit vier oder fünf. Mit Venus in Konjunktion zu Merkur hatte ich schon immer etwas für den androgynen Bücherwurm-Stil übrig. Welche Leidenschaften ich auch immer mit der Skorpion-Energie haben sollte, ich habe sie in Angelegenheiten des 3. Hauses sublimiert und als eine flammende Liebe zur Schönheit der Sprache gelebt, als Wissenshunger und den Wunsch danach, in gedankliche Tiefen abzusteigen. Ich war sehr erleichtert, als ich während meiner Schwangerschaft erfuhr, dass ich einen Sohn bekommen würde. Ich fühle mich so hilflos angesichts von rosa Schleifchen und weißer Spitze, dass ich unglaubliche Angst davor hatte, eine Tochter zu bekommen. Wie würde ich sie anziehen? Wie ihr Haar kämmen? Was könnte ich ihr schon beibringen?

Da meine eigene Unfähigkeit in Bezug auf die Venus mich so im Bann hielt, dauerte es eine ganze Weile, bis ich meinen Blick wieder heben konnte und entdeckte, dass viele von Ihnen, liebe Leser, ebenfalls Probleme mit diesem Planeten haben. Sie würden vielleicht andere Geschichten erzählen, die von anderen Dispositionen zeugen. Doch wenn wir den internationalen Venus-Gesundheitszustand einzuschätzen hätten, indem wir die Fragen betrachteten, die Menschen an Astrologen richten, dann wäre es ganz einfach, die Schlussfolgerung zu ziehen, dass es damit nicht so gut bestellt sein kann. Nach den Sinnfragen (»Wer bin ich?« und »Was soll ich mit meinem Leben anfangen?«) möchten die meisten Menschen wissen, wie sie mehr Venus in ihr Leben zaubern können. Sie wünschen sich mehr Liebe, mehr Geld, mehr Glück. Sie wollen attraktiver sein und sich von denen wertgeschätzt fühlen, die sie lieben. Nationale Epidemien niedriger Selbstachtung, Hochzeiten ohne Leidenschaft und Arbeit ohne Freude sind weitere Beweise, wie sehr uns Venus eigentlich fehlt.

Wer ist Venus also wirklich? Denn sie ist eindeutig mehr als reine Weiblichkeit. Sie herrscht über viele schöne Dinge des Lebens. Klar, sie ist das glückliche makellose Mädchen aus der Werbung.

Doch sie ist auch das sinnliche Stück Schokolade oder ein herzhaftes, sorgenfreies Lachen. Sie ist eine Kette aus Diamanten, ein wunderbar fauler Nachmittag. Wenn Sie Ihre innere Venus erwecken wollen, dann tanzen Sie mit Ihren Fingern einmal über ein seidenes Laken oder saugen Sie den Lederduft einer Luxuskarosse ein. Venus ist auch verschlagen, orgasmisch, spaßig. Sie ist anmutig und künstlerisch. Sie ist Marilyn Monroe *und* Jackie Onassis. Sie ist die Sinnlichkeit und Fruchtbarkeit der Erde in ihrer Stier-Entsprechung. Sie ist süße Harmonie und ausgewogene Balance in ihrer ästhetisch-luftigen Waage-Entsprechung. Wir können sie in einer eleganten mathematischen Gleichung finden. Wir können Sie im morgendlichen Chor der Vogelstimmen hören, die der Wind heranträgt. Lassen Sie einen Eiswürfel über Ihren Rücken gleiten und Venus wird vor Vergnügen quietschen. Sie ist Gelassenheit und Erotik, wilde Hingabe und guter Geschmack. Als Göttin der Liebe und Fülle ist sie all das, was die Erde so schön macht. Warum tun wir uns also überhaupt schwer mit ihr?

Die Venus von heute ist hoffnungslos frustriert. Unsere meistgeliebte Venus-Ikone, Marilyn Monroe, ist für zwei Eigenschaften bekannt: ihre Allüren und ihr Unglück. Sie ist nicht alleine. Denken wir an Elizabeth Taylor, Jacqueline Kennedy und Lady Di, andere Venus-Ikonen des zwanzigsten Jahrhunderts. Jede von ihnen hatte so viel, und war doch zutiefst unbefriedigt. Was sie an Geld, Status und Schönheit besaßen, schienen sie an wahrer Liebe oder persönlichem Glück zu vermissen. So zumindest lauten unsere Mythen über sie. Ihre Geschichten bestätigen unsere modernen Erwartungen – von hochtrabenden Hoffnungen und großer Schönheit, die mit persönlicher Tragödie verbunden sind. Unsere romantischen Fantasien glorifizieren häufig das Unglück – das Brennen der Sehnsucht, den süßen Schmerz der Trennung. Es ist wahr – etwas nicht zu haben, kann dessen beste Eigenschaften an die Oberfläche bringen. Und wie oft werden wir gleichgültig oder kritisch, wenn unsere Wünsche erfüllt sind, so dass wir unsere Freude völlig aus dem Auge verlieren? Wir mögen uns ein Leben lang nach romantischen Partnern sehnen und sie zu Göttern machen, damit sie (»seufz...«) alles ausgleichen können, woran es in unserem Leben mangelt. Wenn sie dann jedoch mit tönernen Füßen auf die Erde fallen, wenden wir uns lieber wieder einer neuen Fantasie zu. Der essentielle Armutskern dieses Zugangs ist die beständige Leere, durch die er inspiriert wird. Wenn wir jemanden oder etwas brauchen, um uns zu vervollständigen, dann haben wir unsere Venus mit einer Bettelschale auf die Straße geschickt.

Es ist daher kein Wunder, dass so viele Menschen zum Astrologen gehen und auf glückliche Venus-Neuigkeiten hoffen. Astrologen schauen die Venus im Horoskop an, um Hinweise auf Beziehungen und Finanzen zu bekommen. Liebe und Geld stehen für unsere Ideen vom Glück. Doch sind das auch ihre – die von Venus? Was wäre denn, wenn die Position von Venus anzeigt, wo wir *ihre* Interessen wahren sollen anstatt *sie* unsere? Wenn es früher im Leben eines Menschen schlecht lief, dann war es die Aufgabe des Orakels herauszufinden, welcher Gott bzw. welche Göttin beleidigt worden war und durch welche Gabe dies wieder richtig zu stellen sei. In den meisten Astrologiebüchern steht, dass Venus im Skorpion bedeutet, dass ich eifersüchtig und voller Begierde sei. Wäre es nicht viel interessanter, wenn dort stünde, was Venus in Skorpion von mir will? Wenn dort nicht stünde, wie ich bin, sondern eher, was ich tun sollte? Bis das passiert ist, bleibt mein Potential für Genuss möglicherweise in einem Dornröschenschlaf gefangen. Kann uns Astrologie den magischen Kuss bringen, der meine Venus erwecken wird? Wer ist Venus wirklich? Und was ist wichtig für sie?

Die Griechen kannten sie als Aphrodite. Ihre Göttin ist keine brillante Strategin wie Athene, auch keine so fähige Jägerin wie Artemis. Sie ist mit Männern unterwegs, doch nicht als Konkurrentin. Strahlend schön und voller Anmut verkörpert sie die unwiderstehliche Frau, die ungezählte Künste der Anziehung und Verführung beherrscht. Sie weiß, wie man gefällt – und es bereitet ihr Freude, wenn man ihr gefällt. Der Schmied und Gott Hephaistos heiratet sie, doch sie unterhält zahllose weitere romantische Beziehungen, inklusive zu den Göttern Ares, Dionysus und Hermes sowie auch zu den Sterblichen Adonis und Anchises. Es gehen sogar inzestuöse Gerüchte umher, was Zeus angeht, ihren irdischen Vater. Unter ihren vielen Söhnen sind der Held Aeneas, Priapus mit seinem gigantischen Phallus und Hermaphroditus, der zweierlei Geschlechts ist.

Um sie herrscht eine Atmosphäre freizügiger Sexualität. Ihr berühmtester Sohn ist Eros, der Cherubim der Begierde mit seinen verheerenden Pfeilen. Um ihre Geburt ranken sich verschiedenste Geschichten, wobei die bekannteste von allen ist, dass sie sich als vollendete Gestalt aus dem Meeresschaum erhob, nachdem Uranus' Genitalien dort im Meer gelandet waren. Ihr wurden Tempel erbaut und Priesterinnen ehrten sie dort mit ihren sexuellen Künsten. Sie wird häufig nackt stehend auf einer gigantischen Seemuschel dargestellt, einem Symbol für die Vulva.

Aphrodites Verbindung zu weiblichen und männlichen Genitalien ist so ausgeprägt, dass wir das als Schlüssel zum Verständnis ihrer Bedeutung im Kopf behalten müssen. Doch wie bringen wir *das* wiederum in unsere Horoskope mit ein? Und wie versöhnen wir ihre Art der Sexualität mit unseren feministischen Werten des zwanzigsten Jahrhunderts? Wir haben hart dafür gekämpft, dass Frauen nicht nur als Sexualobjekte betrachtet werden. Doch wir müssen auch anerkennen, was zweitausend Jahre Christentum auf Aphrodites freizügiger Sexualität hinterlassen haben. Die meisten von uns entdecken ihre erotischen Gefühle in der Jugend allein und im Geheimen. Weil wir nicht in der Lage sind, sie mit jemandem zu teilen, wird unsere Sexualität mit einem gewissen Unwohlsein und mit Scham beschmutzt. Man bringt uns zwar ständig bei, wie wichtig es ist, etwas zu leisten, doch keiner klärt uns über die Wichtigkeit von Freude auf. Und auch aus dem mittelalterlichen Erbe der höfischen Liebe können wir nicht gerade viel Unterstützung erwarten. Auch wenn es nur das Unglück von ein paar privilegierten Rittern und Troubadouren war, so hat diese keusche und idealistische Liebe doch unsere heutigen Vorstellungen von Romantik geprägt und auch verzerrt. Wenn wir sexy Aphrodite durch all diese Filter laufen lassen, dann kommt sie reichlich mitgenommen unten raus – was der Grund dafür sein könnte, warum wir ihr, im Gegensatz zu den Griechen, keine Tempel bauen. Diese Art von Vernachlässigung ist natürlich genau das Richtige, um eine Göttin wütend zu machen.

Der Psychologe James Hillmann ist auch davon überzeugt, dass Aphrodite ziemlich wütend ist. Die Göttin der Sexualität erwartet von uns, dass wir Sex als eine heilige und seelenvolle Kraft anerkennen. Sie möchte uns mit ihrem göttlichen Funken entzünden, damit wir Instrumente des Vergnügens werden. Sie möchte, dass wir Langeweile und Müdigkeit gegen Freude eintauschen, Freude daran haben, unsere reiche und schöne Welt zu schmecken, zu ertasten und zu riechen. Sie möchte uns wissen lassen, dass die ekstatische Kommunion mit der Lebenskraft während heiligem Sex uns geheilt und ganz zurücklässt. Dann wird unser Leben und alles, was wir treffen, von Aphroditischem Lachen, Funkeln und Grazie durchdrungen sein. Doch wenn wir ihr Geschenk minimieren, wenn wir es kleiner machen, es verheimlichen, es scheuen und uns dafür schuldig fühlen, dann haben wir ihre Kräfte zutiefst missachtet. Eine verachtete Göttin ist eine Göttin, die auf Rachefeldzug geht. Und genau das macht Venus, so schreibt Hillmann, durch eine »rosarote Manie«. Venus sagt:

> *Ich werde jeden Winkel der Welt, die sich mir so lange verweigert hat, mit einer rosaroten Manie durchdringen. Ich werde selbst eure Autos und euer Essen in Pornographie verwandeln, eure Werbung und eure Urlaube, eure Bücher und Filme, eure Schulen und Familien. Ich werde in eure T-Shirts und Unterwäsche kriechen, selbst in eure Windeln, in die Slogans und Lieder eurer Kinder, in Senioren- und Altersheime. Ich werde es euch zeigen, bis eure Gedanken rosarot vor romantischen Begierden sind, voller Sehnsucht zu entkommen – voller Rendezvous, Liebesnester und Süßigkeiten. Ich werde die gesamte Zivilisation verrückt danach machen, in meinem Reich zu sein, in meinem geheimen Garten. Ich werde eure gesamte Kultur in Aufregung versetzen, so dass selbst die, die ihre Neurosen heilen wollen, zusammen mit ihren sauberen Psychoanalytikern nichts anderes zu tun haben als über ihre Begierden, Verführungen, Inzest, Belästigungen und den Blick in den Spiegel zu sprechen.*[7]

Mit ihren zahlreichen sexuellen Begegnungen spricht Venus unsere Fähigkeit an, uns dem gesamten Leben gegenüber promiskuitiv zu verhalten, es zu genießen, uns ihm hinzugeben, damit zu spielen und aus ihm zu erschaffen. Wenn die Sonne kreativ ist, möchte sie sich ausdrücken und anerkannt werden. Venus hingegen erschafft aus der reinen Freude an der Kreation. Wenn Venus mit im Spiel ist, dann ist unsere Kreativität erotisch. Ihre Abwesenheit kann der Grund dafür sein, dass manche Projekte fehlschlagen, weil sie mit zu viel »Absicht« und Erwartung belastet sind. Venus erinnert uns daran, dass Spaß zu haben eine hohe Kunst ist. Und es ist ein tiefer Wert, der dem Kosmos zugrunde liegt. Ohne die Sonne gäbe es kein Leben, doch ohne Aphrodites Begierden, wie es durch die Schwere der Gravitation und die fruchtbare Empfänglichkeit der Erde ausgedrückt wird, gäbe es hier keinen Garten, keine Kreation, keine Schönheit. Dass es unser irdisches Paradies überhaupt gibt, ist schon verwunderlich genug. Nichts davon ist notwendig. In einem gewissen Sinn ist alles Schnickschnack. Aber was für ein Schnickschnack! Und wenn wir uns an diesem alltäglichen Schnickschnack unserer Existenz nicht erfreuen, dann haben wir Venus-Aphrodite nicht wirklich verstanden.

Venus im Horoskop zu haben, bringt daher gewisse Verpflichtungen mit sich. Ob sie nun in Ihrem 4. Haus der Familie steht, in Ihrem 11. der Freundschaften oder in Ihrem 9. Haus der Philosophie, wo immer sie auch auftaucht, müssen wir ihre Fragen beantworten. Gestalten Sie diesen Teil Ihres Lebens schön? Nehmen Sie sich Zeit für sinnliche Erlebnisse? Erlauben Sie es sich, sich hier zu öffnen und hinzugeben? Lachen Sie hier, wertschätzen Sie das Leben und sind Sie spielerisch, so dass jeder um Sie herum von Ihrer Freude angesteckt wird? Das Zeichen von Venus ist ein Hinweis darauf, wie ihr Tempel dekoriert werden könnte, indem er mit Dingen gefüllt wird, die Ihnen gefallen und gut tun. Interpretieren Sie Venus' Aspekte zu anderen Planeten als Geschichten ihrer Eskapaden, wo sie vielleicht höchst entzückt war oder auch herausgefordert oder sogar überfordert. Entdecken Sie die Freude daran, mehr über Ihre eigene Venus zu lernen. Fangen Sie mit dem erstbesten Glück an, das Ihnen zum Haus- und Zeichenstand in den Sinn kommt und bauen Sie darauf auf. Jeder hat ein bisschen Freude im Leben, ganz egal, wie karg die Landschaft auch erscheinen mag. Das erinnert mich gerade an eine Geschichte, die ein Professor einmal erzählte. Er ging mit einem Kollegen, der sich mit Selbstmordgedanken trug, durch die Cafeteria. Plötzlich unterbrach der Mann seine deprimierte Elendsgeschichte, um der Bedienung Anweisungen für seine gebackene Kartoffel zu geben. Sorgfältig suchte er die Kartoffel und all die Extras aus, die dazukamen. Das war der Moment, ganz egal, wie kurz er auch gewesen sein mag, in dem die

Venus in ihm lebendig war, in dem die Energie des Begehrens stärker war als der Tod.

Venus verlangt, dass wir uns unsere Freuden gönnen. Doch bei all der Unterdrückung von Venus ist das nicht immer einfach. Die berühmte – und armlose – Statue von Venus von Milo beschreibt unseren psychischen Zustand mit bemerkenswerter Akkuratesse. Eine Venus ohne Arme kann sich nicht sinnlich mit der Welt verbinden. Sie ist dessen, was ihre ureigentliche Aufgabe wäre, nicht fähig. Sie möchte sich zwar gern mit Auge, Geist und Herz verbinden, aber sie kann nichts festhalten. Eine weitere Lehre erteilt uns Boticellis *La Primavera.* Auf diesem Bild hebt Venus eine Hand in Wertschätzung der Szenerie um sich herum. Sie ist Venus, die Anerkennende, die Ästhetische. Mit ihrer anderen Hand hält sie ihre Robe, eine Geste der Konzentration auf sich selbst. Auch sehr inspirierend ist Boticellis *Geburt der Venus.* Hier steht Venus nackt in ihrer gigantischen Muschel, völlig zentriert im Moment, umarmt ihren Körper, der ihr so viel Vergnügen bereitet - königlich in ihrer Freude.

Diejenigen von uns, denen dieser Ausdruck nicht von Natur aus in den Schoß fällt, brauchen eben gute Venus-Rollenvorbilder. Ich habe das Glück, drei Freundinnen zu haben, die Venus in den Gauquelin-Sektoren[8] ihres Horoskops stehen haben. Eine hat Venus in Konjunktion zu ihrem Aszendenten. Sie ist ein perfektes Echo von Aphrodites Geschichte: Sie hat einen Hephaistos-ähnlichen kunsthandwerklich begabten Ehemann, der sie mit selbstgemachtem Schmuck ausstattet, und dann gibt es da noch einen anderen Mann, mit dem sie eine leidenschaftliche Affäre hat. Jills Leidenschaft ist das Flirten. Wenn sie mal wieder eine Rivalin aus dem Feld geschlagen hat, macht sie eine sehr überzeugende venusische Geste, wie eine stolze und zufriedene Katze, die sich die Pfoten leckt. Ich habe sie mal gefragt, wie sie eigentlich flirtet, weil ich damit immer schon Probleme habe. Sie glaubt, dass ihr Geheimnis in ihrem Lachen liegt. »Männer,« so sagte sie mir, »wissen genau, was ich meine, wenn ich lache.« Bei den Griechen war Aphrodite als die Göttin bekannt, die das Lachen liebt. Lachen ist Aphrodites Hilfsmittel, uns zu beruhigen. Und Lachen kann ein Signal aussenden – dass wir etwas von Spaß und Freude am Leben verstehen.

Meine zweite Freundin hat Venus in Konjunktion zum MC. Karo hat beruflichen Erfolg, eine schöne Position mit einem ansehnlichen Gehalt, und das obwohl sie nicht studiert hat und auch noch jünger als ihre Kollegen ist. In ihrer Firma ist sie oft der Mittelpunkt des Interesses. Sie ist sehr hübsch, weiß genau, wie sie ihre Augen betonen muss, und zeigt der Welt, die auf magersüchtige Frauen steht, völlig schamlos ihre reichhaltigen Kurven in ihrer hautengen Jeans. Sie kann gewagt und adrett auftreten. Bei offiziellen Gelegenheiten achtet sie sehr darauf, die sozialen Formen zu wahren. Bei ihrer Hochzeit habe ich gestaunt, mit wie viel Geschick und Talent sie die bescheidene Wohnzimmerveranstaltung in das wichtigste und eleganteste Ereignis der Welt verwandelte, zumindest für sich selbst. Von Karo habe ich gelernt, wie Aphrodites Vertrauen zur Schönheit uns alle freudig daran teilhaben lässt.

Meine dritte Freundin hat Venus in Konjunktion zum Deszendenten, in ihrem eigenen Haus, an einem Ehrenplatz sozusagen. Andrea ist groß und elegant. Sie trägt Perlen auf eine so natürliche Art und Weise, dass es selbst in der Waschküche passend aussieht. Sie hat schon fast eine Obsession für feine Seidenbettwäsche. Als sie jung war, wollte sie Künstlerin werden, begnügte sich dann jedoch damit, einen Künstler zu heiraten. Ich habe sie mal gefragt, wie sie mit den Aufmerksamkeiten von Männern umgeht, die sie nicht interessieren, weil das etwas ist, das mich immer in eine Rechtfertigungsfalle treibt. Und ich dachte, dass es ihr bestimmt häufig so ergangen ist. Sie dachte einen Moment nach und wandte sich dann instinktiv ihrem 7. Haus zu. »Ich versuche immer, mich in sie hineinzuversetzen und sage es ihnen dann auf eine Art und Weise, wie ich es gern hören würde.« »Und was tust du, wenn sie es nicht kapieren?«, fragte ich. »Dann ist das Freundlichste, es sanft, aber sehr direkt zu sagen.« Das war die Stimme Aphrodites, süß, aber doch in sich ruhend.

Ich habe Augenblicke erlebt, wo jede dieser drei Frauen über rein sterbliche weibliche Fähigkeiten hinauswuchs. Doch wenn ich meinen Finger auf etwas legen müsste, was sie alle drei verbindet, dann wäre es das Folgende: Ich war fürchterlich enttäuscht, als ich endlich ihre Ehemänner traf. Nicht, dass etwas mit ihnen falsch gewesen wäre. Es war einfach nur die Art, wie sie über ihren Liebsten sprachen, die mich ein gottgleiches Wesen hatte erwarten lassen. Und obwohl alle drei schon eine geraume Zeit mit ihren Männern zusammen sind, sprechen sie von ihnen mit kleinen Seufzern und glasigen Augen, auf diese schwärmerische Art, die der Rest der Welt vielleicht in den ersten drei Monaten der Partnerschaft erlebt. Doch ihre Bewunderung entspringt nicht der ersten romantischen Verklärtheit oder weiblicher Ergebenheit. Alle drei sind starke Freuen und sich der menschlichen Schwächen ihrer Liebsten durchaus bewusst. Und doch sehen sie jemanden in ihnen, der sie erfreut. Und das ist Aphrodites tiefstes Geheimnis: Sie weiß, wie sie in der Liebe erfreut bleibt.

Wir fragen uns daher zu Recht, was Aphrodites legendäre Promiskuität zu bedeuten hat. Worum geht es dabei? Promiskuitive Menschen lassen sich nie wirklich auf eine Partnerschaft ein; jede Beziehung hat daher das Element des Neuen. Die meisten von uns tauschen an einem bestimmten Punkt in der Partnerschaft Venus gegen den Mond aus. Wir wollen Sicherheit, wir haben Bedürfnisse und einen Bezug zur Vergangenheit. Wir verlieren an Spontaneität und sehen in jeder Handlung eine tiefere Bedeutung. Wenn der Partner des Mondes eine Bitte vergisst, dann ist der Mond sicher, dass es ihm oder ihr völlig egal ist. Er rutscht in alte Muster und fragt sich, ob sein Partner bzw. seine Partnerin ihn jemals glücklich machen wird. Venus hingegen ruht ganz in sich selbst und sieht die Enttäuschung anders, nicht als eine Reflektion ihrer Wertlosigkeit, sondern als Gelegenheit, mehr über den anderen herauszufinden. Sie ist vielleicht sogar amüsiert über die Intensität, mit der ihr Liebster abwesend ist, fasziniert davon, wie er seinen Kalender überall mit sich hinschleppt und sich alles notiert, weil er sich in seiner kindlichen Begeisterung für alles Neue nichts merken kann, ohne es aufzuschreiben. Es könnte sogar sein, dass er dadurch noch liebenswerter für sie wird.

Venus, die Kurtisane, erfreut sich selbst dadurch, dass sie sich erfreuen lässt. Sie liebt alles, was sie sieht. An dieser Art von Promiskuität ist etwas Faszinierendes. Sie ist verbunden mit der Bereitschaft, sich überraschen zu lassen. Und es ist eine Bereitschaft, unsicher zu sein, nicht zu wissen, wo das alles hinführen wird. Es ist eine Art von Eros, die wir überall mit hinnehmen können – in unsere Ehe, in unseren Beruf, selbst in unsere Beziehungen zu Kindern und Freunden, in jede Begegnung mit der Welt. Es ist eine erotische Interaktion, die die buddhistische Nonne, Pema Chodron[9], sehr schön beschreibt. Sie schlägt vor, uns mit freudiger Offenheit durchs Leben zu bewegen und sich über das, was passiert, immer neu zu freuen. Sich zu fragen, ob das Wasser wohl nach unten oder nach oben läuft, wenn man die Toilette abzieht, und sich darüber zu freuen, wenn es nach unten läuft. Das Abendessen schmeckt viel interessanter, wenn wir nicht wissen, welchen Geschmack wir von den Nudeln erwarten. Die Gegenwart eines Kindes ist viel spannender, wenn wir uns immer wieder neu fragen, wer dieser kleine Mensch eigentlich ist. Mit frischen Augen und einem offenen Herzen wird alles schön und faszinierend, alles erweckt dann unsere Liebe.

Nicht alle venusischen Geschichten gehen glücklich aus. Immerhin hat Venus den trojanischen Krieg angezettelt. Und dann war da diese Geschichte, als Hephaistos, der sie der Untreue verdächtigte, sie und Ares nackt in einem Netz gefangen nahm, so dass der ganze Olymp sich an ihnen ergötzen konnte. Die Lektion ist eindeutig: Wenn wir aus unserem Venus-Naturell agieren, könnten wir uns den Urteilen anderer aussetzen. Venus steht für unsere Werte, die dann zum Vorschein kommen. Sie ist die Göttin der Wahl. Und die Wahl birgt Konsequenzen. Es mag sein, dass wir einen Preis zu zahlen haben. Wir können zwar auf die coole Art da herangehen, doch dann ist auch die Leidenschaft weg. Venus sagt: »Setz dich mit ganzem Herzen ein.« Vielleicht bekommst du Ärger. Vielleicht fängt deswegen auch ein Krieg an. Das Leben ist dann nicht mehr ganz so sicher. Aber ohne Venus wäre es kein besonders interessantes Leben, oder?

Mars

Nachdem nun schon seit einiger Zeit die Fernsehshows tagsüber willkürlich von Livesendungen unterbrochen werden, in denen Autorennen und Schießereien gezeigt werden, bei denen unschuldige Leben auf dem Spiel stehen und man abends mit weiteren gewalttätigen Geschichten gequält wird, gibt es jetzt eine neue, offenbar dringend notwendige Serie in den USA: »Wie man Gefahren überlebt: Was Sie wissen müssen.« Also schau ich mir diese an, eingeschüchtert, wie es sich gehört. Nach fünfzig Sekunden realer Terrorszenen aus dem Leben (als ob ich daran erinnert werden müsste) verkündet ein gut gelaunter Reporter in zehn Sekunden seinen Rat: »Experten empfehlen - wenn Sie in eine gefährliche Situation geraten, machen Sie am besten gar nichts. Kooperieren Sie. Regen Sie den Verbrecher nicht auf. Spielen Sie vor allem nicht den Helden.«

Das ist sicherlich ein weiser Ratschlag. Ungefähr so ähnlich lautet auch der Rat meines Automobilclubs, wie man Aggression im Straßenverkehr begegnen soll: Immer in sicherer Distanz bleiben, Augenkontakt vermeiden, im Zweifelsfall nachgeben. Doch für meinen inneren Mars – meinen Kämpfer, meinen Verteidiger, meinen inneren Schläger – sind das verwirrende Botschaften. Man sagt uns in den USA, die Welt sei gefährlich – selbst unser Präsident und Vizepräsident bestätigen das. Und doch empfiehlt man uns, dass es am besten sei, passiv zu bleiben. Die Augen abzuwenden und nicht noch mehr Unheil anzurichten. Der Weg des Helden scheint uns versperrt zu sein. De facto teilt das die Welt in zwei Sorten von Menschen ein: Berserker und Weichlinge. Was soll nun ein marsischer Krieger tun? Es ist kein Wunder, dass Kinogänger so wild auf Action-Helden sind, die am Rande der Gesellschaft leben, im Kampf gegen die vorherrschende Struktur, bis der Moment kommt, in dem nur sie noch die Welt retten können. Wie beruhigend, auf der Couch zu liegen und Jack Bauer in *»24«* zuzuschauen, wo er

Dutzende von Terroristen quält, erschießt und ihnen die Kehle aufschlitzt, den korrupten Beamten entkommt, ein Linienflugzeug entführt und einen bösen Präsidenten kidnappt – und das alles an einem einzigen Tag! Im Gegensatz dazu nimmt der Rest von uns seinen Mars mit ins Sportstudio und hebt ein paar Eisenstäbe, radelt auf einem stationären Fahrrad oder läuft einen einsamen Tretmühlen-Marathon. Ein Mars ohne große Mission sucht sich eben weniger wichtige Aufgaben und regt sich dann über Kleinigkeiten auf oder verausgabt sich in unnötigen Wettbewerben. Das ist dann der Mars, der sich in der Vorstandssitzung ereifert oder einen anderen Autofahrer beim Wettkampf um den Parkplatz aussticht.

Mars liebt Action. Trotz der Lüsternheit der Medien für Gewalt leben die meisten von uns ein eher sicheres und ruhiges Leben. Dadurch müssen viele marsische Krieger den Tag hinter Schreibtischen verbringen, auf Computer starren, zu Besprechungen und Sitzungen gehen, einkaufen, die Wäsche waschen, vielleicht ein bisschen im Internet auf Pornoseiten stöbern oder ein paar privilegierte Athleten ihren Mars im Fernsehen zur Schau tragen sehen. Aber Mars geht nicht gern freiwillig in Haushaltsaktivitäten auf. Mars ist nicht zart besaitet. Bei *Star Trek* wäre Mars ein Klingone. Er strotzt nur so vor körperlicher Vitalität. Er ist feurig und impulsiv, wettkämpferisch und selbstsüchtig. Er ist die Wut, die wir nicht gern zugeben, die verbotene Leidenschaft, die wir so gern transzendieren würden. Er ist machtvoll, unabhängig und mutig. Mit marsischer Kraft können wir Berge ersteigen, ehrgeizige Kampagnen führen, die Schutzlosen verteidigen und für das einstehen, woran wir glauben. Aber wenn man mal so Mäuschen spielt und hört, was so gesagt wird, dann scheint es, dass wir Mars eher kritisch sehen als positiv. »Andreas ist so unglaublich wettbewerbsorientiert.« »Hast du die böse Bemerkung gehört, die Edith gemacht hat?« Mars ist das, was andere Leute tun, um uns zu ärgern. Wenn wir unseren eigenen Mars in eine astrologische Beratung einbringen, dann tun wir das oft indirekt, jammern darüber, dass wir immer so müde sind, nicht vorankommen oder dass wir das, was wir tun, eigentlich gar nicht mögen. Das wirkliche Problem liegt aller Wahrscheinlichkeit eher darin, dass unser durchsetzungsstarker, lüsterner Mars arbeitslos ist und keine wirkliche Aufgabe hat.

Wir haben einen Vertrag mit unseren Archetypen. Sie füllen uns mit ihrer psychischen Energie, den Hunderten von Geschichten, die unserer eigenen hinzugefügt werden. Sie erfüllen uns mit ihren Träumen und Bedürfnissen. Sie verwandeln uns in Liebende, Krieger, Könige und Handwerker. Durch unser individuelles Wesen verleihen wir diesen Archetypen neuen Ausdruck. Sie möchten an unserer Entwicklung teilhaben. Sie schenken uns menschliche Kontinuität, wir schenken ihnen Möglichkeiten der Entwicklung. Darum sollten wir Mars nicht beschuldigen, uns anzutreiben und hinter unseren Schreibtischen, Einkaufswagen oder hinter dem Steuer in Aufruhr zu versetzen. Mars möchte an unseren Dramen teilhaben. Er sagt: »Gewähre mir Einlass in deine Welt. Erwecke mich neu zum Leben. Verhilf mir wieder zu heroischen Höhepunkten.«

Die Dinge, die wir nicht bewusst ausdrücken, erscheinen vor unserem Auge in ihrer Schattenform: in Fantasien, unbewussten Handlungen oder Projektionen. Gegen die kulturelle Höflichkeit, die ihn verdrängt, lässt Mars den Terroristen los, das Gang-Mitglied oder den Militärputsch. Dann zieht er sich in die Opferrolle zurück und taucht als gerechter Zorn wieder auf, um zu bestrafen und die Gefängnisse der guten Gesellschaft mit den Früchten seines Tuns zu bestücken. Er hypnotisiert uns mit seinen Fantasien, teilweise schon in ganz jungen Jahren. Als mein Sohn noch ganz klein war, achtete ich immer darauf, dass er nur kindgerechte Sendungen im Fernsehen sah. Doch dann entdeckte er Zeichentricksendungen. Als ich ins Wohnzimmer kam, fand ich ihn völlig fasziniert vor dem Fernseher, sein Kinn in die Hände gestützt, die Augen weit aufgerissen. Auf dem Bildschirm sah man ein über einer Flammengrube gefesseltes Mädchen, das auf ihren mächtigen, akrobatischen Superhelden wartete, der sie befreien würde. Selbst im zarten Alter von 4 Jahren gibt es etwas in uns, das ganz leicht von Mars angesprochen wird und sich danach sehnt, von dieser Energie genährt zu werden. Ich werde nie den kleinen Jungen aus der Nachbarschaft vergessen, dessen Eltern ihm zu Hause keine Spielzeugpistolen und -messer erlaubten. Wenn er zu uns kam, gesellte er sich nicht zu den anderen Kindern, die mit Pokemon-Karten handelten, sondern er griff geradewegs in Brandens Kiste mit Plastikwaffen, hielt jede einzeln hoch und strich völlig fasziniert mit seinen Händen darüber.

Mein Sohn ist zwar schon 13 Jahre alt, doch dann und wann taucht immer noch mal eine Plastik-Laserpistole oder ein Gladiatorenschild an der Stelle auf, wo offenbar gerade ein marsisches Märchen stattgefunden hat. Noch vor einigen Jahren liebte Branden es, Teile des Staubsaugers zu befehligen und sie in Speere zu verwandeln, mit denen er unsichtbare Feinde erstach und die er wie ein geübter Kämpfer schnell und geschickt durch die Luft wirbelte. Auf dem Weg ins Bett duckte er sich plötzlich hinter der Couch und schoss mit einem imaginären Maschinengewehr auf den Hund. Heute findet man Branden nur noch vor dem Computer, sein Körper bleibt still, doch sein Geist ist immer noch von Mars gefangen. Er geht völlig auf in intergalaktischen Kriegen, läuft durch Labyrinthe, raubt Schlösser aus und erschlägt Trolle, um den Gral zu bekommen. Die Gewalt in dem Spiel erschrickt mich oft fürchterlich. (»Mama, ich hab es bis Ebene fünf geschafft! Dazu musste ich 300 Typen umnieten!«) Doch eins machen die Videospiele auf alle Fälle richtig. Sie sind so konzipiert, dass jeder Spieler eine spezifische Mission hat, irgendwohin muss, etwas erreichen muss, einen Job zu erledigen hat. Es ist nicht die Gewalt, die meinen Sohn und seine Freunde so anzieht. Es ist das Versprechen auf Sieg, das schöne Gefühl, seine eigene Stärke und Geschicklichkeit zu beweisen.

Mars sehnt sich nach einem Auftrag. Und dem Mars in unseren Horoskopen ergeht es dabei kein bisschen anders. Wir können uns dazu das Marszeichen oder –haus anschauen, um seine Mission zu benennen, doch viel häufiger ergibt diese sich anderweitig, so wie auch Krieger im Allgemeinen ihren Marschauftrag von höherstehenden Autoritäten erhalten. Die Sonne, unser König, bestimmt den Sinn und Zweck unseres Tuns und entscheidet, welche Kämpfe wichtig sind. Wenn Mars gewinnt, dann kann unsere Sonne scheinen. Unsere einzigartigen Gaben werden sichtbar. Der Mond ist unsere Königin und Mars ist ihr zu Diensten, bestraft die, die uns verletzen, und stellt denen hinterher, die wir in unserer Nähe haben wollen. Mars' Zeichen beschreibt möglicherweise, wie stark wir an unseren Begierden festhalten oder es sagt etwas über unseren Durchsetzungsstil aus oder wie wir unsere Leidenschaft ausdrücken. Wenn Mars sich in dem Haus, in dem er steht, wohl fühlt, dann zeigt er an, wo wir uns am meisten stimuliert fühlen, wo wir unsere

Vitalität stärken oder unsere Strategie verbessern und unsere Waffen schärfen können. Fühlt er sich dort unwohl, dann spüren wir vielleicht einfach nur ein brennendes Verlangen und verursachen viel Ärger und Unruhe in unserer Umgebung.

Wenn mit Mars etwas schiefläuft, liegt es häufig nicht am Planeten selbst, sondern eher an seiner Mission, mit der etwas nicht stimmt. Vielleicht ist unsere Mondkönigin ein bisschen paranoid oder unser Sonnenkönig ein Egomane. Vielleicht hat auch Saturn die Sonne und den Mond mit Unsicherheit platt gemacht und unsere Träume zerstört, neue Höhen zu erklimmen. Wenn die marsische Energie sich nicht im Gleichgewicht befindet – wenn wir außer Kontrolle geraten, vor Anspannung platzen, uns in Versagensnöten befinden oder einfach nur innerlich voller Unruhe sind – müssen wir uns daran erinnern, wie der Auftrag für unseren Mars eigentlich lautete. Passt seine Mission zu dem wahren Sinn und den wirklichen Werten des Horoskopeigners? Nehmen wir ein Fallbeispiel, den Mars im Horoskop der USA. Unter dem Druck des transitierenden Plutos in Opposition zu Amerikas Radix-Mars tappt das amerikanische Militär durch den Irak, völlig ausgedünnt, und sieht sich einem Feind gegenüber, der sich immer wieder entzieht und wie die Hydra neue Köpfe ausbildet, sobald einer abgeschlagen ist. Pluto/Mars-Transite können tödliche Gefechte mit sich bringen, bei denen keiner gewinnt. Sie bringen außerdem den ganzen Dreck zum Vorschein, der schon lange irgendwo verborgen und stinkend herumlag, die unschönen Geheimnisse, die keiner zugeben will – so wie die Ungeheuerlichkeiten in Abu Ghraib, die Rechtlosigkeit von Guantánamo, das Massaker an der Zivilbevölkerung von Haditha. Das sind ganz eindeutig Geschichten der Irrungen von Mars, dem Berserker. Doch wessen Schatten sehen wir hier eigentlich? Gehört er zu vereinzelten bösartigen jungen Soldaten – oder zu den gierigen und berechnenden Vorgesetzten, die sie auf ihre Mission geschickt haben? Kennt jemand die Mission dort überhaupt?

Wie sehr sich dieser Mars von dem unterscheidet, der am 8. Mai 1945 projiziert wurde, als der progressive Mars der USA ruhmreich über das MC des Staatenhoroskops lief![10] Damals war unsere Armee machtvoll und angesehen zugleich. Der französische Kulturkritiker Clotaire Rapaille beschreibt, wie er diesen Mars als Junge gesehen hat, als plötzlich die Deutschen ihre Helme fortwarfen, wegrannten, und aus dem Wald ein riesiger Panzer mit einem weißen Stern kam. Ein großer, freundlicher Mann stand in der Führungskanzel und verteilte Schokolade und Kaugummi. Rapaille sagt dazu: »Ich wollte auch in diesem Panzer sein, ich wollte sein wie diese Männer. Ich wollte nicht zu den Franzosen gehören, diesen Verlierern.«[11] In diesem Augenblick entschied sich Rapaille dazu, dass Amerika seine Wahlheimat werden würde. Nichts ist attraktiver als ein siegreicher Mars mit guten Prinzipien.

Energie-Krise

Meine Freundin Cheryl hat den Mars im 4. Haus. Sie hat mir schon oft gesagt, dass sie ihre Wohnung hasst, weil sie nicht die Energie hat, sie in Ordnung zu halten. Das 4. Haus steht für das eigene Zuhause und Mars für Wut, aber um aus diesen Entsprechungen etwas wirklich Bedeutsames herauszuziehen, müssen wir schon ein bisschen tiefergehen. Ein Freund von mir sagte letztens, dass die Schränke für das Unbewusste eines Zimmers stehen. Bei Cheryl zu Hause ist der Inhalt aller Schränke übergequollen und nimmt die gesamte Wohnfläche ein. Alles liegt hochgetürmt übereinander – längst vergessene Projekte, die darauf warten, ihre Anerkennung zu finden. Cheryls Energiemangel begann schon ganz früh. Sie hat mir erzählt, dass sie einen Großteil ihrer Kindheit damit verbracht hat, auf ihrem Bett zu liegen. Das klingt nach einer Depression, eine der Ausdrucksformen von einem frustrierten Mars. Die Wut richtet sich nach innen und man fühlt sich aller Initiative oder Freude beraubt.

Es fällt nicht schwer, sich vorzustellen, wie schwierig jemand einen Mars im 4. Haus der Familie und des Heims in jungen Jahren empfinden kann, insbesondere wenn dieser jemand ein kleines Mädchen ist. Cheryls Horoskop spricht Bände: Pluto im 10. Haus steht in Opposition zu ihrem Vierthaus-Mars, ein Hinweis auf kindliche Ohnmachtserfahrungen in einem Machtkampf zwischen Eltern und Kind. Cheryl hat ihre Mutter immer gehasst und ist davon überzeugt, dass diese sie auch gehasst hat. Wenn ein Planet möglicherweise im Unbewussten liegt, dann ist es ratsam, zwischen den Zeilen zu lesen. Wenn Cheryl mir also erzählt, dass ihre Mutter mal mit einem Messer in der Hand auf sie zugerannt kam und schrie: »Na mach schon und bring mich endlich um!«, während Cheryl unter dem Tisch hockte, hege ich keinerlei Zweifel daran, dass es sich wirklich so zugetragen hat. Doch ich muss mich auch fragen, was Cheryl mit ihrem Mars so angestellt hat, wenn sie nicht auf ihrem Bett lag. Der Kampf, mit einem unterdrückten Mars zurechtzukommen, kann sehr schmerzhaft und verwirrend sein; am Ende wird es zu einer Qual, einfach nur man selbst zu sein. Die Verwirrung und innere Verärgerung sucht nach einem Ventil und richtet ihre explosive Kraft möglicherweise auf jemanden, der nichts Böses erwartet. Während ihrer ersten kurzen Ehe wurde Cheryl verhaftet, weil sie mit einem Messer auf ihren Mann losging. Die Polizei holte sie ab, und sie verbrachte ein paar Stunden im Gefängnis. Doch wenn sie die Geschichte erzählt, dann macht Cheryl eine abschätzige Handbewegung, so als sei das alles ein dummes Missverständnis.

Sicherlich ist es für Cheryl nicht leicht, sich ihrer marsischen Energie zu bemächtigen. Und aus diesem Grund ist es nicht nur schwierig für sie, die Energie zum Hausputz aufzubringen, sondern es fällt ihr gleichfalls schwer, an ihrer beruflichen Karriere zu arbeiten. Sie hat vieles schon begonnen, aber weniges wirklich durchgezogen. Derzeit lebt sie von Sozialhilfe. Da ihrem Mars die Nahrung und Unterstützung seiner Basis im 4. Haus fehlt, ist es, als hätte er seine Arme vor der Brust gekreuzt und würde sagen: »Dir werde ich es zeigen – dann sorge ich eben nicht einmal für mich!«

Irgendwo in unseren Horoskopen treffen wir seltsame Vereinbarungen. Es ist sehr verführerisch, jemandem dafür die Schuld zu geben. Wir können die Schuld bei Cheryls Mutter suchen oder bei Cheryl selbst – aber wenn wir ihre Geschichte aus einem anderen Blickwinkel betrachten, dann sehen wir, dass der Unterschied zu den Geschichten innerhalb eines größeren kulturellen Rahmens gar nicht so groß ist. Die Feindseligkeit zwischen Mutter und Kind ist archetypisch und hat eine lange Geschichte. Die Erde ist unsere Mutter, und die menschliche Kämpfernatur, insbesondere die der wissenschaftlichen Art, hat sich Jahrhunderte lang gegen Mutter

Natur gewandt, so als sei diese eine feindliche Kraft. Wir alle erleben eine Energie-Krise in unserer Welt.

Wendell Berry zieht eine interessante Verbindung zwischen der Energie-Krise der Welt und dem, was wir als klaren marsischen Sinn und Zweck betrachten würden: »…die zugrunde liegende Ursache der Energie-Krise ist kein Mangel, sondern moralische Unwissenheit und Charakterschwäche. Wir wissen nicht, wie und wofür wir die Energie einsetzen sollen. … Unsere Zeit ist von so viel Missbrauch und Verschwendung menschlicher Energie gekennzeichnet, wie wir fossile Brennstoffe ausbeuten und verschwenden.«[12] Kriegerische Kulturen, von den Samurai bis nach Camelot, lehren uns, dass die Verbindung zwischen einem Krieger und dem hohen Ideal, dem er dient, wichtig ist. Diese moralische kulturelle Vision nährt die konkrete Anwendung der Kraft des Kriegers. Wenn diese prägenden Ideale fehlen, geht viel Energie verloren. Um unsere globale Energie-Krise zu heilen, den scheinbaren »Energie-Mangel«, so sagt Berry, müssen wir zu bestimmten Werten, vor allem ökologischen, zurückkehren. Das ist Kultur im tiefsten Sinne der Wortbedeutung – als eine Wertschätzung der Energiezyklen, die innerhalb der Gesetze des Nährens, der Ernte und Bewahrung funktionieren und dem Fortbestand eines größeren Ganzen dienen. Diese Art der Kultur ist eine Versöhnung von Mond und Mars, die Aufgabe, die sich einem Mars im 4. Haus oder einem Krebs-Mars stellt.

Eins der glücklichsten Ereignisse in Cheryls Leben war die sexuelle Beziehung zu einem Farmer, aus dem ihre Tochter hervorging. Dies erweckte ihre Mars zu völlig neuem Leben. »Die Geburt meiner Tochter hat mich wirklich motiviert«, sagt Cheryl. Ihre Aufgabe als Ernährerin sorgte für neuen Antrieb; diesem Ideal zu dienen, brachte wieder Sinn in ihren ansonsten eher widerspenstigen Mars. Hausarbeit macht ihr immer noch keine Freude, und beruflich tut sie sich auch nicht leicht. Bei einem Mars im Wassermann im 4. Haus könnten wir geneigt sein, ihr eine berufliche Verwirklichung als ökologische Aktivistin zu verordnen. Doch ich glaube, dass diese Art der Horoskopdeutung häufig am Kern der Sache vorbeigeht. In welchem Zeichen oder Haus er auch immer stehen mag, bei Mars geht es vielleicht insbesondere darum, global zu denken und lokal zu handeln. Jeder persönliche Akt des Wachstums, jeder Entschluss unseres persönlichen Marses kann dabei helfen, den Mars der ganzen Welt zu heilen.

Feuer im Bauch

Geschichtenerzähler und Mythologe Michael Meade schlägt vor, dass wir viel über den Umgang mit Energie, Leidenschaft und Wut lernen können, wenn wir ursprüngliche Volksstämme studieren.[13] Das Volk der Gisu in Uganda nennt diese emotionale Kraft »Litima«. Sie ist eruptiv, verwegen, rücksichtslos und brutal, aber auch machtvoll, mutig, unabhängig und voll hoher Ideale. Meade schreibt, dass in der Tradition der Gisu Wert darauf gelegt wird, dass die ungehobelte Ausdrucksform von Litima in der Jugend die Aufmerksamkeit der Älteren benötigt; umgekehrt weiß das Volk, dass es von der Intensität dieses jugendlichen Feuers abhängt, damit es sein spirituelles Zentrum lebendig erhalten kann. Die Initiationsriten des Volkes stellen einen Kanal bereit, durch den die rohe Litima ausgedrückt und verfeinert werden kann. Während der Monate der Vorbereitung darauf wird den Initianden große Freiheit und emotionale Flexibilität zugestanden. Sie dürfen sich streiten, stehlen, sich promiskuitiv verhalten und für eine Zeitlang die Regeln ihrer Gesellschaft brechen, um sich selbst, so Meade »an einem tieferen Ort jenseits dieser Begrenzungen« wiederzufinden. Zu vielen Initiationsritualen gehört ein Tanz der Wut, ein körperliches Vorbild dafür, die Emotion durch den Körper zu bewegen – eine Art von kinesthetischer Erinnerung, wie man die Marskraft halten und formen kann. Wenn eine Kultur Mars diese Nahrung verweigert, indem sie jugendliche Wut entweder ignoriert oder aktiv versucht, sie zu unterdrücken, dann, so Meade, wird etwas Machtvolles unerlöst gelassen. Wenn diese Kinder dann erwachsen werden, agieren sie womöglich lediglich die tieferen Konflikte ihrer Kultur aus, ohne jedoch die Zuversicht und Weisheit zu besitzen, diese lösen zu können. Und wenn sie nicht von den älteren Teilnehmern ihrer Gesellschaft unterstützt würden, hätten sie keinen Grund, sich an diese zu erinnern.

Eltern unseres Kulturkreises stehen keine solchen kulturell sanktionierten Rituale zur Verfügung. Sie sind völlig auf sich selbst gestellt, wenn es darum geht, den Mars ihres heranwachsenden Kindes zu stärken. Wie gut funktioniert das? Denken wir nur einmal an die Trotzphase im Alter von ca. zwei Jahren. Mars braucht zweieinhalb Jahre, um einmal durch den Tierkreis zu wandern. Das bedeutet, dass die Trotzphase häufig mit der ersten Mars-Wiederkehr korreliert, ein Schlüsselmoment in der Entwicklung des kindlichen Mars. Voll ungezähmter Energie kommt das Kind in die glückliche Position, das Wörtchen »Nein!« aussprechen zu können. Es ist seine erste Waffe, ein magisches Wort, so machtvoll wie eine Faust oder ein Schwert, und es demonstriert eine wichtige marsische Eigenschaft – die Fähigkeit, Grenzen zu setzen und den eigenen Willen auszuüben. Aber achten Sie mal beim nächsten Einkauf darauf, ob Sie einen Erwachsenen mit einem Kleinkind voller Litima-Energie sehen. Es ist meist schwer zu sagen, wer von beiden mehr Gebrauch von seinem Mars macht – der schreiende Erwachsene oder das schreiende Kind. Eltern reagieren meist nicht allzu positiv auf diese ersten Übungen ihres Kindes, seinen Mars anzuwenden. Ich hab es an meinem eigenen Leib erleben dürfen.

Als mein Sohn Branden mit seinen Trotzanfällen anfing, war ich ziemlich brutal. Ich war völlig unvorbereitet und es mangelte mir an Kreativität. Ich fühlte mich so hilflos und habe wohl eher einen bizarren De-Initiationsprozess eingeleitet, dessen Ziel es war, mein Kind zu überwältigen und seinen Mars in seine Schranken zu weisen. Mars kann zwar schrecklich sein, doch bei Archetypen kann man das Gute und das Schlechte nicht so einfach voneinander trennen. Wenn wir die Wut verlieren, verlieren wir vielleicht auch die Motivation. Wenn wir ein Kind für seine Willensäußerung bestrafen, frustrieren wir womöglich nicht nur seinen Mars, sondern lehren es auch, die Welt als bösartig und feindlich zu betrachten. Nur noch schlimmer ist es, dieser Energie völlig ungezügelt ihren freien Lauf zu lassen, wie wir bei der *Super-Nanny* lernen. Wenn Eltern dem inneren Brutalo ihres Kindes überhaupt keine Grenzen auferlegen, dann kommt Mars nie aus seinen Windeln und bleibt auch bei jeder folgenden Mars-Wiederkehr selbstsüchtig, verwöhnt, verwegen und frech.

Wir sollten unseren Kindern beibringen, wie sie die Grenzen anderer achten und auch ihre eigenen auf eine gesunde Art und Weise wahren können. Gegen Erwachsene anzukämpfen, ist nicht der richtige Weg. Ich bin den älteren Menschen in meinem Leben dankbar, die mir gezeigt haben, wie ich meinen Mars kultivieren kann, ohne zu kämpfen. Ich musste einfach lernen, klarere Linien zu ziehen. Als es zu einem Streitpunkt wurde, Branden für die Schule anzuziehen, setzte ich die Grenze bei der Schule. Zur Schule zu gehen war etwas, worüber ich nicht mit mir verhandeln ließ. Doch ich überließ es seiner Wahl, ob er im Pyjama ging oder nicht. Natürlich hat er mich getestet. Doch schon beim ersten Mal, als er im Schlafanzug aus dem Haus ging, rannte er sofort wieder zurück und holte seine Klamotten, bevor ich noch die Autotür aufgemacht hatte. Einige Wochen später musste ich lachen, als Branden mir verkündete: »Mama, ich kann mich anziehen, wann *ich* es will.« »Ach ja? Wie hast du das denn herausgefunden?« »Mein Bauch hat es mir gesagt«, erwiderte er fröhlich. »Ich hab einfach nur meinen Kopf in meinen Bauch gesteckt und es gehört!« Er hatte die Kraft seines Willens entdeckt. Er musste dazu kein Dutzend Bücher über Chakren lesen. Er konnte sich im Rhythmus mit seinem Mars bewegen und sich anziehen, wann er wollte. So wie meine Geduld und mein Umgang mit Branden besser wurde, ging es auch meinem Mars immer besser. Mit der Litima meines Sohnes zu tanzen, half meiner eigenen Kraft.

Ich bete darum, dass mein Sohn niemals als Soldat in den Krieg ziehen wird. Ich weiß nicht, welches Schicksal die Zukunft für ihn bereithält. Ein Teil davon ist nicht verhandelbar: Sollte er jemals dazu angehalten werden, seine Prinzipien zu verletzen, wünsche ich mir, dass sein Mars stark und selbstbewusst genug sein wird, »Nein!« zu sagen.

Saturns Hühnerbeinchen und Jupiters Tüchleindeckdich

Vor Jahren habe ich einmal bei einem ganz einfachen Astrologietest für Anfänger mitgemacht, den eine hiesige Astrogruppe ins Leben gerufen hatte. Das ist das einzige, was ich jemals in Richtung offizieller Astrologieprüfung unternommen habe. Woran ich mich bei dem Test noch am besten erinnern kann, ist nicht einmal, dass ich ihn bestand, sondern dass ich eine Frage falsch beantwortet hatte, zum absoluten Schrecken meines perfektionistischen Jungfrau-Aszendenten! Für die Planetenentsprechung von »Lehrer« schrieb ich »Jupiter«. Ein leuchtend roter Filzschreiber hatte dies durchgestrichen und stattdessen »Saturn« hingeschrieben. Ich war völlig perplex. Ich erinnerte mich noch gut an meine Grundschullehrer. Es waren Jupiter-Engel gewesen. Inspirierend und enthusiastisch boten sie mir damals einen großen Freiraum, um meine Talente zu entwickeln. Saturn-Typen? Ganz und gar nicht.

Ich stellte mir einen Saturn-Lehrer vor: humorlos und langweilig, oder schlimmer noch, ein griesgrämiger Autokrat, dem es nur um die Einhaltung von Regeln geht und der uns mit öden Zahlen und ermüdenden Fakten quält. Saturn hält Lektionen für uns bereit. Und Lehrer sind Autoritäten, ein Saturn-Wort. Doch für mich passten die Begriffe »Lehrer« und »Saturn« gefühlsmäßig einfach nicht zueinander. Eine elementare astrologische Regel, die ich offenbar verpasst hatte. Und das war nicht das einzige Mal, wo ich den Eindruck hatte, dass diese beiden Planeten leicht ihre Rollen tauschen können.

Rein oberflächlich betrachtet gibt es kaum ein Planetenpaar, das unterschiedlicher zu sein scheint als diese beiden. Jupiter ist expansiv, platzt förmlich aus den Nähten vor Gelegenheiten, Wachstum und Glück. Saturn hingegen macht alles solider und sorgt für einen festen Rahmen. Er bringt Hindernisse, Sorgen und Verzögerungen mit sich, aber auch Struktur, Verantwortung, Mühen und Erfolg. In der traditionellen Astrologie heißt der eine »der große Wohltäter«, der andere »der große Übeltäter«. Doch diese großartigen Titel haben sich in den Weiten der zeitgenössischen Kultur ein wenig verloren. Wir rechnen nicht mehr länger mit nicht enden wollender Fülle von Jupiter oder dem Kummer von Saturn. Heute scheint das Glück oder Unglück, das uns die Planeten bringen, mehr davon abzuhängen, was wir aus ihnen machen. Und wenn wir zu sehr in die eine Richtung marschieren, dann korrigiert uns einer der Planeten unweigerlich in die andere Richtung. Wenn wir unser Glück mit einem zuversichtlichem Jupiter überstrapazieren, dann lässt uns seine sorglose Arroganz einfach auf Saturns Schwelle von Verlust und Verzweiflung fallen. Wenn wir Saturns lange und einsame Straße hinunterfahren, uns anstrengen und abmühen, nichts als selbstverständlich nehmen, dann finden wir am Ende Jupiters Glücksstern, der im Abendlicht emporsteigt. Anstatt also Herrscher zweier unterschiedlicher und ferner Königreiche zu sein, ist jeder von beiden einfach nur ein notwendiges Rädchen an unserem kleinen Wägelchen zum Erfolg.

Ein optimistischer Jupiter kann die Umklammerung eines ungeeigneten oder ängstlichen Saturns lockern, so wie ein verantwortungsbewusster Saturn die begeisterten, aber auch schnell wieder verrauschten Höhenflüge eines unruhigen Jupiters verwirklichen kann. Jupiter lässt die Karotte baumeln, während Saturn den Stock schwingt. Jupiter lockt mit der Zukunft und Saturn holt uns aus der Vergangenheit zurück. Der Philosoph im Jupiter denkt über den Sinn des Lebens nach, der Mönch in ihm kontempliert göttliche Weisheit, der Abenteurer erforscht neue Länder, während der Erbauer, Verwalter und Beamte in Saturn dafür sorgt, dass es Universitäten, Kirchen und Straßen für die Reise gibt. Jupiter ist unser ewiges Kind, Saturn der weise Alte. Im Team lehren uns diese beiden ungleichen Freunde die so gegensätzlichen und sich ergänzenden Kräfte von Wachstum und Begrenzung, Vertrauen und Skeptik, Glück und Arbeit, Abenteuer und Realismus – oder wie Caroline Casey sie nennt: »Haagen-Dazs« und »Naturreis«.

Jupiter und Saturn sind die sogenannten »sozialen Planeten«, die ihre Kreise zwischen den persönlichen Planeten (der Sonne, dem Mond, Merkur, Venus und Mars) und den überpersönlichen (Uranus, Neptun und Pluto) ziehen. Während die persönlichen Planeten unsere Innenwelt symbolisieren, repräsentieren Jupiter und Saturn die Gesellschaft – unsere Außenwelt. Ihre Konjunktion alle zwanzig Jahre signalisiert einen sozialen Wandel, eine neue Welle kultureller Erwartungen und Erfahrungen. Dies findet jeweils seinen Höhepunkt in der Opposition und löst sich bei der nächsten Konjunktion in eine neue Welle auf. Im Radixhoroskop stehen sie für unser gesellschaftliches Schicksal, basierend auf unseren Hoffnungen und Ängsten, auf dem, was wir »dort draußen« für möglich halten bzw. wovon wir befürchten, dass es nicht möglich ist. Am für unser Auge sichtbaren äußeren Rand des Sonnensystems angesiedelt, patrouilliert dieses Team des »Guten und Bösen« immer am Rande des Unbekannten, des Mysteriums jenseits von uns – also im Grunde von allem. Jedenfalls so lange bis wir es durch dieses Paar erlebt und interpretiert haben und einen Standpunkt für uns dazu einnehmen können. Und das ist das Heimtückische daran: Was Jupiter und Saturn über unsere Welt entdecken, *wird* schließlich zu unserer Welt. Darauf konditioniert, bestimmte Erfahrungen zu erwarten, nutzen wir entweder Jupiter oder Saturn als Sprungbrett zu unserem höchsten Potential oder als gigantische Barriere, die uns zurückhält. Als die von unseren Ahnen ererbte Struktur der Realität und als die Freiheit, eben diese zu transzendieren, sind Saturn und Jupiter de facto die Architekten unserer Welt.

In Anbetracht ihrer hohen Bedeutung für uns ist es sehr clever, sich zu fragen, welche Geschichten sie in jedem Horoskop bereithalten. Doch leider können wir dies nicht immer allein astrologisch beantworten.

♄ ♄ ♄

Bei mir steht Saturn im 3. Haus der Kommunikation, der Geschwister und der Grundschulausbildung. Diese Position weist auf Schwierigkeiten in der Kindheit in einem dieser Bereiche hin – etwas, das auf mich nicht zutrifft. Meine Schwester und ich haben uns zwar gestritten, aber wir haben auch miteinander gespielt. In den ersten Schuljahren mochte ich die Fächer Schreiben und Sprache so gern, dass ich verkündete, Schriftstellerin oder Rednerin zu werden. Die Schule war der Himmel für mich. Warum war ich dort so glücklich? Vielleicht wegen Jupiter im 10. Haus des öffentlichen Images und der Autoritäten. Ich sah meine Lehrer durch Jupiters Filter; ihre Ermutigung machte das Lernen für mich aufregend und lohnenswert. Ich hatte viel mehr Angst vor der Kritik meiner Mutter zu Hause (Saturn im Quadrat zum Mond). Da ich in der Schule nicht die gleiche Ablehnung erfahren wollte, internalisierte ich Saturn, machte fleißig meine Hausaufgaben und hielt mich an alle Regeln. Saturn und Jupiter sind in meinem Horoskop durch ein Anderthalbquadrat miteinander verbunden. Dies ist typischerweise ein Spannungsaspekt, doch bei mir funktionierte das Zusammenspiel gut. Mein Jupiter im 10. Haus segelte himmelwärts und brachte mir viel Anerkennung und einige akademische Ehren. Mein Saturn im 3. Haus verschaffte mir die Basis dafür, so dass ich für jeden Verdienst hart arbeitete.

Kürzlich kam eine Frau zu mir, die mich bat, einen Blick auf das Horoskop ihres Sohnes zu werfen. Ein Astrologe hatte sie verunsichert, weil er ihr sagte, dass ihr Sohn mit Saturn im 3. Haus sicherlich Probleme in der Schule bekommen würde. Aus meiner eigenen Erfahrung und aufgrund eines gut gestellten Jupiters in seinem Horoskop hätte ich sie eigentlich beruhigen können. Aber mein Sohn hat genau die gleichen Planetenstellungen wie ich: Jupiter im 10. Haus im Anderthalbquadrat zu Saturn im 3. Haus (der ebenfalls einen Spannungsaspekt zum Mond hat). Mit viereinhalb Jahren und weniger als einem Jahr Kindergarten hinter sich, teilte er mir eines Tages mit: »Ich brauche keine Schule mehr.« Er ist jetzt in der Realschule und nimmt seine Aufgaben so auf die leichte Schulter, dass zwischen Einsen und Zweien auch Vieren auftauchen. Außer wenn es ums Fußballspielen und soziale Kontakte geht, interessiert ihn die Schule nicht im Geringsten. Dadurch kommt eine unliebsame Wahrheit über die Astrologie zum Vorschein: Was in dem einen Horoskop funktioniert und stimmt, muss in einem anderen noch lange nicht genau so sein.

Ich habe dies sehr früh gelernt, nachdem ich mit Horoskopberatungen begonnen hatte. Ich dachte, es wäre großartig und ein sicherer Einstieg, in jeder Beratung mit »guten Nachrichten von Jupiter« zu beginnen. Doch wenn ich dann etwas darüber erzählte, wie gut es in diesem Lebensbereich laufen müsste, erntete ich als Reaktion oft nur einen fragenden, verständnislosen Blick oder ein Kopfschütteln. »Da soll ich Glück haben? Das sehe ich anders...« Wenn ich dann zur Saturnposition kam, verlegte ich mich darauf, die Schwierigkeiten zu beschreiben. »Nicht wirklich«, meinten dann viele. Was wirklich schlecht an solchen Beratungen ist (mal abgesehen davon, dass sie das Selbstvertrauen des Astrologen untergraben), ist, dass sie dem Klienten sein Verständnis für sich selbst absprechen. Ich war als Astrologieschülerin einmal in einem Seminar, wo ein Schüler ebenso verneinte, »Glück« in dem Lebensbereich zu haben, wo bei ihm der Jupiter stand. Anstatt nach anderen Ausdrucksformen für Jupiter in seinem Leben zu suchen, rügte der Lehrer seinen Schüler einfach dafür, dass er offenbar sein Glück nicht wahrnehmen könne.

Astrologen müssen genauso bemüht sein zuzuhören, wie sie bemüht sind, richtig zu deuten – und dabei entdecken, wie das Horoskop sich bei *diesem* Menschen manifestiert, anstatt dem Klienten ihre persönliche Horoskopinterpretation überzustülpen. Nach der ersten astrologischen Beratung, die ich jemals in Anspruch nahm, weinte ich anschließend den ganzen Nachhauseweg über. Der Astrologe hatte mir keine einzige Frage gestellt. Nachdem er meinen Jupiter im 10. Haus gesehen hatte, der über meine Schützesonne herrscht (ein potentieller Indikator für Auslandsreisen), hatte er entschieden, ich müsse Übersetzerin für die Vereinten Nationen werden oder eine andere Art von Weltendienerin, die benachteiligte Menschen auf der ganzen Welt unterrichtet. Er war ganz begeistert von dem, was er da in meinem Horoskop entdeckte. Er wusste nicht, dass ich a) Angst vor dem Fliegen hatte und b) ich mit dem leidenschaftlichen, doch angstbesetzten Wunsch nach einer Karriere als Autorin zu ihm gekommen war. Ziemlich verschüchtert befragte ich ihn zum Thema Schreiben. Vielleicht passte das nicht in sein Konzept von einem Saturn im 3. Haus. Jedenfalls fegte er die Frage mit einer Handbewegung weg und bemerkte überhaupt nicht, dass ich immer niedergeschlagener wurde, je mehr er erzählte. Als ich mich von ihm verabschiedete, hatte ich wirklich tiefe Zweifel an mir selbst und meinen Lebensplänen. Es dauerte Monate bis ich mir wieder erlaubte, von einem Leben als Schriftstellerin zu träumen.

Das Ironische daran ist, hätte ich ihn 20 Jahre früher getroffen, hätte seine Beratung mitten ins Schwarze getroffen. Im Alter von neun Jahren dachte ich daran, Übersetzerin zu werden und der Friedensbewegung beizutreten. Mit fünf Jahren wollte ich Stewardess werden und um die Welt reisen. Mit 16 wollte ich Jura studieren, auch ein Jupiter-Beruf. Während meiner ersten Jahre im College belegte ich die Fächer Diplomatie und internationale Politik (wieder Jupiter). Später unterrichtete ich an einer örtlichen Schule (noch mehr Jupiter). Seinem Image entsprechend stieß ich auch nie auf ein Hindernis, wenn ich mich in seine Richtung bewegte. Aber nichts davon war von Dauer. Wenn ein Astrologe behauptet hätte, Jupiter würde mir Glück im Berufsleben bringen und mich gleichzeitig blind für dieses Glück machen, hätte ich heftigst widersprochen. In meinen Zwanzigern und Dreißigern war mein Berufsleben völlig chaotisch und sehr enttäuschend. Erst ab dem vierzigsten Lebensjahr empfand ich in diesem Lebensbereich wieder das Gefühl von Glück.

Planeten sind dynamisch, in ihnen sind unsere Geschichten enthalten. Vielleicht können wir sie besser verstehen, wenn wir zusätzlich zu unseren Stichwort-Formeln auch noch Geschichten erzählen. In diesem Sinne möchte ich Ihnen zwei Geschichten der Brüder Grimm[14] anbieten, eine für Jupiter und eine für Saturn. Stellen Sie sich beim Lesen einfach vor, der Vorhang würde aufgehen und Ihr Saturn bzw. Jupiter stünden auf der Bühne. Platzieren Sie die Schauspieler vor der vertrauten Kulisse Ihrer eigenen Erfahrung. Vielleicht finden Sie etwas, womit Sie die beiden Charaktere in Ihrem Horoskop auffrischen können.

In dem Märchen »Die sieben Raben« hat ein Ehepaar sieben Söhne; sie wünschen sich sehnlichst eine Tochter. Nach Jahren des Wartens gebiert die Frau schließlich ein Mädchen, aber das Kind ist so klein und schmächtig, dass man nicht darauf hoffen kann, dass es die Taufe überlebt. Der Vater sendet seine Söhne zum Brunnen, um Wasser für die Taufe zu holen, doch in der Eile fällt den Brüdern der Krug in den Brunnen. Aus Angst vor dem Zorn des Vaters wissen sie nicht, was sie tun sollen und sind völlig gelähmt. Als sie nicht nach Hause kommen, wird der Vater so wütend, dass er flucht: »Ich wollte, dass die Jungen alle zu Raben würden!« Im gleichen Augenblick fliegen sieben kohlschwarze Raben über ihn hinweg.

Sieben ist eine saturnische Zahl[15] und Raben sind Saturn-Vögel. Selbst ohne diese symbolischen Schlüssel wissen wir, dass dies eine Geschichte ist, die sich um die Thematik des Wartens, der Enttäuschung und der Angst dreht. In dem Haus, wo Saturn steht, oder im Zusammenhang mit den Planeten, die er aspektiert, gehen unsere Wünsche nicht einfach und schnell in Erfüllung. Wir treffen auf Umstände, die wir nicht kontrollieren können. Das ersehnte Mädchen kommt nicht – kreative Bemühungen tragen keine Früchte. Der Krug verschwindet – wir machen Fehler und erleiden Verluste. Wir enttäuschen andere und werden von ihnen enttäuscht – Liebe und Anerkennung werden uns vorenthalten. Das hört sich natürlich »übel« an, aber es ist eine Art Schule. Durch saturnische Erfahrungen treffen wir auf Grenzen und begegnen dem rauen Antlitz der harten und kalten Realität. Wir werden in das Reich der Zeit und Form eingeführt, in dem es langsamer und unbequemer zugeht als in unseren Träumen.

In ihrer Trauer um den Verlust ihrer Söhne finden der Mann und die Frau Trost in ihrer kleinen Tochter, die wie durch ein Wunder mit jedem Tag stärker und schöner wird. Ihre Eltern erwähnen die Brüder niemals in ihrer Gegenwart, weil sie sie vor dem Wissen bewahren wollen, dass ihre Geburt Anlass für das Verschwinden der Brüder war. Äh, Moment mal, hab ich das richtig gehört? Hatte der Vater die Sache nicht in der Hand? War *er* es nicht, vor dem die Söhne solche Angst hatten, dass sie nicht ohne den Krug nach Hause gehen konnten? War er nicht der Typ, der seine Söhne verfluchte?

In dysfunktionalen Familien ist Verantwortung häufig die heiße Kartoffel, die von einem zum anderen geworfen wird und schließlich bei dem Familienmitglied landet, das sich am wenigsten dagegen wehren kann. Wenn Autoritätsfiguren, also die Rollenvorbilder für Saturn, sich so verhalten und Schuldzuweisungen verteilen, wer trägt dann die Schuld? Die Kinder. Das ist damit gemeint, wenn wir Saturn »karmisch« nennen. Er trägt dort, wo er steht, die Last der

Geschichte. Es mag ja auch in der Tat ein paar Leben gegeben haben, wo etwas schieflief, das Saturn nun wieder aufgreift. Doch die Gefühle von Schuld, Unzulänglichkeit und Angst, die über Generationen in der Familie weitergegeben werden, dürfen wir auch nicht vernachlässigen. Sie lasten auf unserer Psyche, während wir wütend versuchen, sie von uns weg zu projizieren. Mit anderen Worten: Die falschen und begrenzenden Glaubenssätze, die in Ihrer Saturnposition gespeichert sind, sind vielleicht noch nicht mal Ihre eigenen!

Was auch immer zu Beginn einer Geschichte fehlt, es hat eine Bedeutung: Es repräsentiert nämlich die Fähigkeit, die die Charaktere heilen kann. Im Saturn-Märchen ist es die Tochter – das weibliche Prinzip – die für Fruchtbarkeit, Empfänglichkeit, Intuition und emotionale Sensibilität steht. Als das Mädchen endlich auf der Welt ist, geht der Krug – ein weiteres weibliches Symbol – verloren. Der Vater zeigt sich weder verletzlich noch mitfühlend und besitzt auch nicht die Stärke, seine Gefühle selbst zu verarbeiten, sondern er spricht den Fluch aus, der seine Familie zerstört. Es mag uns komisch erscheinen, dass der patriarchale Saturn zu seiner Erlösung die Entwicklung des Weiblichen benötigt. Doch das Märchen erinnert uns möglicherweise daran, dass die Jahre uns einfach nur älter und nicht weiser machen, wenn uns Mitgefühl und Demut fehlen. Es braucht die Empfänglichkeit und Sensibilität des Wasserelements, um ein Weiser zu werden. Starrheit – nicht gewässerte Erde – macht uns nur unfruchtbar und alt.

An einem bestimmten Punkt werden wir uns in unserem Saturn-Haus eines unbewussten Fluchs bewusst – ein alter Glaubenssatz, ein vergiftender Gedanke, ein begrenzender Verteidigungsmechanismus, den wir aufgebaut haben, als wir uns machtlos und ausgeliefert fühlten. Wenn wir das Problem einmal erkannt haben, was können wir dann tun? Wir müssen uns auf die Reise der Tochter begeben. Nachdem sie durch das Gerede der Leute vom Schicksal ihrer Brüder erfahren hat, macht sich die Tochter auf den Weg, um den Fluch zu lösen. Sie übernimmt Verantwortung, eines der Schlüsselworte für Saturn. Spüren Sie, wie sehr sich das von der Schreckensstarre ihrer Brüder unterscheidet? Gelähmt durch saturnische Schuld und Angst mussten diese ihre Reise als Raben unterbrechen, noch weit entfernt von ihrem wahren Potential. Zu verschiedenen Zeiten übernehmen wir verschiedene saturnische Rollen: der gewissenlose Elternteil, alt aber nicht weise, die Brüder, ängstlich und unerfahren, oder das entschlossene Mädchen, das sich vor dem schwierigen Pfad, der vor ihr liegt, nicht ängstigt.

Unsere Heldin reist bis ans Ende der Erde, wo sie von der Sonne erschreckt wird, die heiß ist und kleine Kinder frisst (unser Ego kann unsere Unschuld verschlingen). Der Mond ist auch kalt und unheimlich (emotionale Muster verhindern unser Wachstum). Und doch, endlich, trifft sie auf ein paar freundliche Sterne (zusammen mit einem guten Astrologen vielleicht?), die ihr nützliche Informationen geben. Sie erfährt, dass sie ihre Brüder eingeschlossen im Glasberg findet und erhält ein magisches Hühnerbeinchen, das den Glasberg aufschließen soll. Unsere Heldin wickelt das kostbare Beinchen in ein Tuch, doch als sie am Glasberg ankommt, ist das Hühnerbeinchen verschwunden. Furchtlos schneidet sie sich einen Finger ab und steckt ihn stattdessen ins Schloss. Der Berg öffnet sich und ihre Brüder werden befreit.

Dass sie sich einen Finger abschneidet, ist bedeutsam. Es weist darauf hin, dass wir uns alles, was wir in Saturns Haus lernen, zueigen machen müssen. Saturns Effektivität steigt, wenn wir dem, was uns die Tradition, unsere Eltern oder Lehrer überlassen haben, unsere persönliche Prägung aufdrücken und zur neuen Autorität in diesem Haus werden. Erst dann wird unser ganzes Potential, wie die sieben Brüder, freigesetzt. Auf diese Weise wirkt Saturn transformierend. Das innere Kind wird zu einem kompetenten und mitfühlenden inneren Erwachsenen.

♃ ♃ ♃

Nun zu Jupiters Geschichte. In »Der Ranzen, das Hütlein und das Hörnlein« geht es drei Brüdern so schlecht, dass sie beinahe verhungern. Sie entschließen sich, ihr Glück in der Welt zu versuchen. Saturn würde hier mit den Augen rollen und sagen: »Ist aber auch allerhöchste Zeit, ihr Dummköpfe!« Saturn erteilt seine Anweisungen über Beurteilungen und Kritik. Doch Jupiters Stil ist offen und ermutigt uns, durch Erkundung und Entdeckung zu lernen. Wir treffen häufig auf ein frühes Glück in Jupiters Revier. Doch wenn dieses »verbraucht« ist, dann dauert es möglicherweise eine ganze Weile, ehe wir den Schmerz fühlen. Wie jemand, der etwas geerbt hat, eigentlich schon bankrott ist und von seinen Freunden und Kreditkarten lebt und glaubt, das Glück läge einfach um die Ecke. Mit Jupiter fühlen wir uns jung und ohne Eile – so, als läge unser ganzes Leben noch vor uns. Doch ab einem bestimmten Punkt müssen wir einfach in Bewegung kommen und das Glück finden, das um die Ecke auf uns wartet.

Die Brüder kommen in einen Wald und entdecken einen Berg voller Silber. Der eine Bruder ruft aus: »Das ist das Glück, nach dem ich gesucht habe!« und bringt so viel Silber heim wie er tragen kann. Die beiden anderen Brüder wünschen sich mehr vom Leben als einen Berg voller Silber, und so reisen sie weiter. Sie kommen in einen anderen Wald und an einen anderen Berg. Dieser besteht aus purem Gold. Der zweite Bruder gerät in die Zwickmühle: »Soll ich mir von dem Golde so viel nehmen, dass ich mein Lebtag genug habe, oder soll ich weitergehen?« Endlich entscheidet er sich, seine Taschen voller Gold zu packen und nach Hause zu gehen.

Doch es gibt offenbar mehr als eine Art von Glück in der Welt. Saturns Glück kommt vom Durchhalten und von harter Arbeit, auch wenn es von außen oft wie ein »Glück über Nacht« aussehen mag. Jupiters Glück scheint einfach vom Himmel zu fallen. Doch wir stünden nicht mit offenen Händen bereit, es aufzufangen, wenn wir nicht an Wunder glauben würden. Jupiter ist der Guru, der uns mit Geschichten der Erleuchtung verlockt, der Unternehmer, der ein glanzvolles Comeback ausmalt. Seine hohen Erwartungen und sein zuversichtlicher Optimismus erzeugen eine Aura des Erfolgs, die andere förmlich fühlen können – aus diesem Grund ist er auch ein begabter Verkäufer. Das Haus, in dem Jupiter steht, ist der Bereich, in dem wir uns zu Großem entwickeln wollen, wo wir dafür gemacht sind, unsere Grenzen über den üblichen Rahmen hinaus zu erweitern. Wenn wir uns auf einer Jupiter-Reise befinden, dann kann sich uns bieten, was will, wir träumen immer noch von etwas Besserem.

»Ha!« sagt der dritte Bruder, »Silber und Gold, das rührt mich nicht, ich will meinem Glück nicht absagen, vielleicht ist mir etwas Besseres beschert.« Und er geht weiter, durch Wald um Wald, bis er vor Hunger fast umfällt. Er klettert auf einen Baum und sieht meilenweit nichts als Baumwipfel. »Wenn ich nur noch einmal meinen Leib sättigen könnte«, sprach er. Und siehe da, am Fuße des Baumes entdeckt er ein Tischtuch, beladen mit Speisen. »Diesmal«, sprach er, »ist mein Wunsch zu rechter Zeit erfüllt worden.« (Der Silber- und der Goldberg zählen wohl nicht?) Er isst sich satt, steckt das Tischtuch in seinen Ranzen und zieht weiter. Am Abend verspürt er wieder Hunger. Er holt sein Tuch hervor und spricht: »So wünsche ich, dass du abermals mit guten Speisen besetzt wärest.« Und zu seiner Überraschung geschieht es! Ihm wird klar, dass es sich um ein Tüchleindeckdich handelt und er denkt bei sich: »Das ist das Glück, nach dem ich gesucht habe!« Doch schnell fügt er hinzu: »Doch mit einem Tischtuch allein kann ich nicht nach Hause gehen.« So zieht er wieder los und sucht nach weiteren Schätzen.

In unserem Jupiter-Haus müssen wir uns immer weiterbewegen, doch es ist eine kniffelige Angelegenheit. Wir haben hier einen ungeheuren Appetit und können buchstäblich fett werden. Die größte Herausforderung besteht wahrscheinlich darin, sich auf eine Sache zu konzentrieren und diese ganz durchzuziehen. Unser Glück kann uns nämlich verlassen, wenn zu viele Projekte an unserer Begeisterung zehren. Oder wir vergessen gar, das Glück zu genießen, wenn es denn kommt. Wenn Sie das Gefühl haben, in Ihrem Jupiter-Haus oder bei den Planeten, die Aspekte zu ihm bilden, völlig vom Glück verlassen zu sein, dann müssen Sie vielleicht eine neue Suche starten. Wie sieht Ihre Vision vom Glück hier aus? Wenn Ihre erste spontane Antwort lautet: »Ich weiß es nicht«, dann fragen Sie weiter. Denn dort *ist* eine Vision. Und wahrscheinlich nicht nur eine. Wählen Sie die aus, die Sie zutiefst motiviert. Und wenn das nicht funktioniert, dann bauen Sie auf dem Glück auf, das Jupiter Ihnen bereits beschert hat. Erstellen Sie eine Liste von allen Jupiter-Geschenken. Das ist so, als würden Sie das Tüchleindeckdich vor sich ausbreiten – denn jeder Segen, der dankbar anerkannt wird, lädt einen neuen Segen ins Leben ein.

Für die Reise in Saturns Haus benötigen wir Zeit. Die Vergangenheit spielt hier eine große Rolle – um einen Familienfluch zu lösen braucht es Zeit, Mühe und Geduld. Doch auf diese Art wird unser inneres Kind weise. Jupiters Haus braucht Raum und Weite –

die Freiheit, sich auf die Suche zu begeben. Und weil Ihre Jupiter-Reise womöglich niemals zu Ende sein wird, ist das der Ort, an dem wir für immer jung bleiben – »forever young«, wie Bob Dylan singt. Jupiter und Saturn können Ihnen viel über sich selbst und Ihre Welt beibringen, der eine durch bloßes Streben, der andere durch schweißtreibende Arbeit. Als Team können Sie Ihnen großen Erfolg bescheren. Und wenn Sie jemals einen Astrologietest zu bestehen haben und nach der Entsprechung für »Lehrer« gefragt werden, dann hoffe ich, dass Sie sie beide nennen!

Uranus

In Brandens Spielkreis war es wieder Zeit für die Abschlussrunde. Als die Kinder sich zusammen auf die Matte stellten, blieb ein kleiner Junge außerhalb des Kreises stehen, sichtlich betrübt. Als der Leiter ihn fragte, ob etwas nicht stimmte, brach er in Tränen aus: »Da ist kein Platz für mich.« Ich erinnere mich noch daran, was mein sensibler Sohn mit Waage-Mond daraufhin sagt. Er klopfte auf den Platz neben sich und rief vergnügt: »Hier ist noch Platz!«

Doch der unglückliche kleine Kerl wollte den Platz neben Branden nicht. Auch neben dem Gruppenleiter wollte er nicht stehen, wo er gezwungen gewesen wäre, das Abschlussritual mitzumachen, wo alle sich an den Händen fassen und gemeinsam rufen: »Wir sind fantastisch!!« Nach dem Treffen trottete er traurig hinter seiner Mutter her über den Parkplatz zum Auto. Er hatte wahrscheinlich zum ersten, doch sicherlich nicht letzten Male die »Uranus-Zone« betreten, diesen seltsame Raum, in den wir nicht zu passen scheinen, und davon überzeugt sind, dass es einen anderen, besseren Ort gibt, an den wir besser passen. In der Uranus-Zone sind wir die quadratische Figur, die auf einem Feld voll runder Löcher steht. Wir wissen, dass wir anders sind. Wir haben den starken Verdacht, dass wir sogar schlauer als der Rest sind. Wir rebellieren. In dieser Zone sind wir erfinderisch, progressiv und kreativ. Wir empfinden den Drang, Dinge zu verbessern. Doch wir mögen die Gesellschaft nicht immer, der unsere Kreativität dienen möchte. Und sie mag auch uns nicht immer. Donna Cunningham bemerkte einmal, dass sich in dem Symbol für Uranus eine umgekehrte Venus verbirgt.[16] Uranus stellt das Prinzip des Bezogenseins auf den Kopf. Mit Uranus sind wir häufig befremdet und verwirrt, dazu verdammt, uns unendlich einzigartig zu fühlen.

Viele Menschen haben mir gesagt, dass Sie anfingen, sich für Astrologie zu interessieren, nachdem ein Astrologe Ihnen mit großer Exaktheit eine verblüffende, persönliche Wahrheit ins Gesicht gesagt hat. Und überraschend häufig lautet diese Wahrheit ungefähr so: »In Ihrem Horoskop steht, dass Sie nicht wie jedermann sind. Sie gehören einer anderen Spezies an, sind ein Geist aus einem anderen Reich, ein Fremder, der seine wahre Heimat sucht.« Ich kann den Reiz einer solchen Verkündung gut nachvollziehen. All die schmerzhaften Wunden, nicht dazuzugehören – in der eigenen Familie (»Wer sind diese Leute? Welcher lahme Storch hat mich hier auf dem Weg zu meiner wahren Heimat einfach abgeworfen?«), in der Schule (»Warum mag mich keiner? Warum gehöre ich nicht dazu?«), in der schmerzhaften Isolation der Pubertät (»Ich passe nirgends hin. Ich muss verstecken, wer ich wirklich bin.«) – all die einsamen Kapitel des sich fremd und missverstanden Fühlens finden endlich eine Erklärung und Entschuldigung.

Aliens anhand ihrer Horoskope zu identifizieren, ist eine Technik, die ich nicht beherrsche. Es hat wahrscheinlich etwas mit Uranus zu tun, doch das Ganze kam mir immer etwas verdächtig vor. Wenn ich nämlich Außenseiter mithilfe der Astrologie finden kann, dann muss ich auch Insider damit finden können, also einige der berüchtigten Namenlosen, die total dazugehören! Und wie sieht *das* dann im Horoskop aus? Und inwiefern hilft es überhaupt weiter, zu wissen, dass man nicht dazugehört? Nehmen wir einmal an, einige von uns seien wirklich fehlplatzierte Geister aus einer anderen Welt. Und jetzt? Ist es dann unser unglückliches Los, den Fehler hier auszusitzen? Oder sollten wir einer Gruppe ähnlich fehlplatzierter Seelen beitreten, eine tödliche Dosis Gift zu uns nehmen und uns ins Mutterschiff hoch beamen lassen?

Ich möchte hiermit nicht unser schmerzhaftes Gefühl des Fremdseins in Abrede stellen. Einer der schlimmsten Augenblicke meines Lebens als junge Mutter war, als ich erlebte, wie drei Jungs meinen Sohn auf dem Spielplatz völlig schnitten. Sie waren ungefähr in seinem Alter, rannten im Sandkasten hin und her, spielten auf der Rutsche und hatten großen Spaß miteinander. Branden warf ihnen drei freundliche »Hallo« zu und versuchte es dann mit ein paar »Hi du, wie heißt du?«, gefolgt von »Ich habe einen Hund.« Die Jungs kicherten und schienen ihn nicht zu hören. Branden stand einfach nur da und sah den Jungen zu, wie sie schaukelten. Ein paar Minuten später stellte er sich zu ihnen und lachte mit ihnen, als hätten sie ihn an ihrem Witz teilhaben lassen. Sie schauten ihn nicht einmal an. Still kehrte er zu seinem Auto zurück. Er – und auch ich – waren am Boden zerstört.

Es ist der Instinkt einer Mutter, die Niederlage ihres Kindes in einen heimlichen Sieg verwandeln zu wollen (»Natürlich passt du nicht zu denen, du bist klüger und besser, du bist etwas ganz Besonderes...«). Astrologen leiden häufig am gleichen Syndrom. Wir benutzen Horoskope, um Menschen zu erheben, ihre Psyche zu trösten und ihren Schmerz zu lindern. Wir konzentrieren uns auf die Einzigartigkeit in jedem Horoskop und wie sie aus jedem etwas Besonderes macht. Diese Vorgehensweise hat nur einen Haken: Wir haben alle das gleiche Sonnensystem im Horoskop. Menschen mit ein paar astrologischen Anfängerkenntnissen sprechen häufig von »meinem Pluto« oder »meinem Uranus«, als wären die Planeten unser Eigentum. Doch der gleiche Uranus steht in jedem Horoskop. Und das bedeutet, dass jeder Mensch diese Augenblicke des Fremdseins erfährt. Nicht dazuzugehören ist eine universelle Erfahrung. Unsere Herzen werden eben immer mal wieder gebrochen.

Einen Uranus im Horoskop zu haben, bedeutet, dass es zum Leben gehört, aus der Bahn geworfen zu werden. Vielleicht waren Sie der Letzte, der bei Ballspielen gewählt wurde. Oder die anderen Kinder haben Sie ausgelacht, als Sie in dem Kleidungsstück in die Schule kamen, das ihre Großmutter für Sie genäht hat, weil Ihre Mutter kein Geld hatte oder nichts Modernes kaufen wollte. Gerade, als Sie Freunde gefunden hatten, zog Ihre Familie um. Sie entdeckten, dass Ihre Eltern Schwächen haben, ihre Gunst wieder zurücknahmen, einander betrogen oder einfach starben. Sie verloren Ihren Job, wurden von der Schule geworfen, ein Betrunkener am Steuer war verantwortlich für den tödlichen Unfall Ihrer Schwester, Ihr Neffe beging Selbstmord, jemand vergriff sich an Ihrer Tochter. Uranus bringt das Erwachen mit.

Wir betonen gern die schillernde Seite seiner Welt: Erleuchtung, Inspiration, Freiheit und *Veränderung!* Doch nicht selten ist das uranische Erwachen sehr hart. »Durchbrüche« sind auch uranisch; doch wie das Wort schon sagt, muss zunächst etwas zerbrochen werden, bevor man durchkommt. Und während der Rest der Welt in dieser Zeit die gleiche Melodie zu summen scheint, fühlen Sie sich einsam und verlassen.

Wenn wir von Uranus aus der Bahn geworfen werden, geschieht etwas Unerwartetes. In unserer Verzweiflung greifen wir nach etwas, und wie ein Blitz aus heiterem Himmel kommt es auf uns hernieder. Unsere Perspektive verändert sich und wir haben eine plötzliche Erkenntnis. Es war nichts, das wir auf einem Supermarktregal oder in den Abendnachrichten hätten finden können; es war auch nicht das, was unsere Mutter uns seit Jahren gesagt hat. Uranus ist der höchste Himmelsgott und seine Lösungen werden im Unsichtbaren geboren, jenseits dem Konsens der Realität. Aus den Stürmen der Unzufriedenheit kommt ein Geschenk der Göttlichen Intelligenz, ein Blitz des Erkennens, der zuvor so nicht möglich war. Uranus lädt uns auf und verändert uns. Er fegt uns von der einen Straße hinunter und setzt uns auf einer anderen wieder ab. Er ist das, was unsere Zukunft von unserer Vergangenheit unterscheidet.

Schauen Sie sich einfach mal ein paar Werbeblöcke im Fernsehen an und Sie könnten meinen, dass Menschen Neues und Improvisiertes lieben. Doch in Wirklichkeit scheuen wir uns vor Veränderung. Der Kosmologe Brian Swimme machte eine interessante Bemerkung über den Fortschritt des Menschen. »Wir haben lange Zeit angenommen«, so schreibt er, »dass Menschen sich mit neuen Entdeckungen immer sofort befasst haben, wie zum Beispiel mit dem Pflanzen von Samen und dem Zähmen von Tieren.«[17] Warum sollte es auch nicht so sein? Was für eine fantastische Idee! Kein Nomadentum mehr. Keine Graszelte mehr. Keine kalten Nächte mehr unter den Sternen und Tage, die mit Nahrungssuche vergehen. Endlich mehr Bequemlichkeit! Und doch wollten die Jäger und Sammler, wie Swimme anmerkt, höchstwahrscheinlich gar nicht sesshaft werden. Reisen gehörte zu ihrem Leben. Ihre Entwicklung zu Siedlern wurde möglicherweise aus der Not geboren. Vielleicht wurden die Menschen innerhalb einer Gruppe zu zahlreich oder die klimatischen Bedingungen erschwerten ihre Vorratshaltung. Anders gesagt, sie wurden womöglich schreiend und zeternd in ihre Zukunft gezogen. Die biologische Systemtheorie lehrt, dass in offenen nichtlinearen Systemen, wie soziale Gruppen und Ökosysteme (oder auch in der psychologischen Struktur, die wir als Ego kennen), eine allgemeine Neigung in Richtung Ordnung und Stabilität besteht. Die meisten Zusammenhänge wollen einfach so bleiben wie sie sind. Veränderung braucht daher Instabilität. Ungleichgewicht. Anarchie. Wenn ein System zerstört wird, reagiert es darauf mit einer Neuorganisation. Auf diese Weise funktionieren Paradigmenwechsel. Ohne ein gewisses Maß an Unbequemlichkeit in unserem Uranus-Haus oder bei den Planeten, die er aspektiert, wird niemals unser bahnbrechendes Denken aktiviert. Warum sollten wir den Status Quo herausfordern, wenn wir nicht unglücklich darüber wären? Bei Uranus haben wir es immer mit einer Entfremdung, Entwurzelung, mit einem Trauma zu tun. Wir sollten deshalb nachsichtig auf die neurotischen Eigenheiten reagieren, die häufig mit diesem Archetypus assoziiert werden – die Zurückhaltung, die geistige Abwesenheit, die Unruhe, die Arroganz, die Sturheit, der revolutionäre Eifer. Diese sind womöglich ein geringer Preis, den wir für die positiven Seiten von Uranus zahlen. Er inspiriert unseren Genius. Wir können mit ihm erschaffen und befreien, uns selbst und die Menschheit aus dem alten Trott herausholen.

Mit oder ohne Träume, die göttliche Intelligenz benutzt Uranus, um uns ungewöhnliche Ideen zuzuflüstern. »Wie wäre es mit einem Nasenring?«, fragt er, lange bevor Nasenringe in Mode kommen. Wir Astrologen verbinden Uranus mit radikalen Visionen und einem leidenschaftlichen Freiheitsdrang. Seine intellektuelle Brillanz steht häufig im Widerspruch zu Autoritäten, seine Kreativität verlacht kulturelle Konventionen. Seltsamerweise passen diese Eigenschaften gar nicht auf den mythologischen Uranus bzw. den griechischen Ouranos. Aus genau diesem Grund behauptet der Historiker und Philosoph Richard Tarnas, dass Uranus einer der Planeten sei, der von den Astronomen falsch benannt worden ist.[18] Ouranos ist laut Mythologie nämlich alles andere als progressiv und geradezu ein abschreckendes Beispiel für das Festhalten am Status Quo. Der Himmelsgott widersetzte sich jeglicher Veränderung, indem er systematisch alle seine Kinder in den Leib ihrer Mutter Gaia zurückdrängte. Eine besser geeignete archetypische Figur, so Tarnas' Vorschlag, sei Prometheus, der trickreiche Titan, der den Göttern das Feuer stahl und so die Menschheit einen großen Schritt voranbrachte.

Tarnas untersuchte die Horoskop revolutionärer Denker im Laufe der Geschichte und entdeckte, dass eine beeindruckende Mehrheit dieser Menschen von einem starken Uranus-Einfluss geprägt wird. Unter ihnen sind zum Beispiel die großen Protagonisten der wissenschaftlichen Revolution – Kopernikus, Kepler, Galileo, Descartes und Newton. Alle haben Uranus in einem Hauptaspekt zur Sonne, so wie auch Rousseau, dessen Schriften die Französische Revolution beeinflussten, und Jefferson, eine zentrale Figur in der amerikanischen Revolution. Zu den umstürzlerischen Frauen mit Sonne/Uranus-Aspekten gehören Marie Curie, Margaret Mead, Gertrude Stein, Mary Shelley, George Sand, Susan B. Anthony und Simone de Beauvoir. Innovative Denker wie Benjamin Franklin, Charles Darwin, Sigmund Freud, Jean-Paul Sartre und Stephen Hawking haben Uranus im Aspekt zu Merkur.

Für diejenigen von uns mit starken Uranus-Aspekten sind das ermutigende Nachrichten. Und dennoch ist es wahrscheinlich, wenn auch schwierig zu beweisen, dass auf jeden Uranier, den die Geschichte ehrt, eine ganze Menge von Exzentrikern und Eigenbrötlern fallen, deren Namen im Staub der Geschichte auf den Boden gesunken ist, wo niemand sie wahrnimmt. Ungewöhnliche Menschen, selbst solche mit großen Begabungen, kommen in einer Welt, die gern am Status Quo festhält, nicht immer gut an. Ich denke dabei an die Kämpfe von einigen meiner Klienten und Freunden, wie zum Beispiel von Noemi, einer wunderbaren Frau mit einer exakten Sonne/Uranus-Konjunktion im Krebs im 8. Haus. Als Noemi mich das erste Mal anrief, litt sie finanziell und emotional gerade sehr. Sie erhoffte sich von unserer Sitzung, dass sie ihre Karriere, die ihr sehr am Herzen lag, auf stabilere Füße stellen könnte.

»Ich finde es zuweilen sehr schwierig, in der Gesellschaft zu funktionieren«, gestand sie mir. Sie hatte sich in ihrem Geburtsland nie richtig zu Hause gefühlt (»Ich passte da einfach nicht hin.«). Sie wurde aus so ziemlich jeder Anstellung geworfen, die sie innehatte. Und trotz bester Absichten warf man ihr häufig vor, sie würde für Unruhe sorgen und alles durcheinanderbringen. Sie litt unter der Angst, ihren Vater zu enttäuschen und machte sich Sorgen, dass sie in seine Fußstapfen treten würde, was sein emotional eher einsames Leben betraf. Doch Noemis persönliche Herausforderung, sich in ihrem Körper wohl zu fühlen, inspirierte sie dazu, anderen dabei zu helfen, sich ebenso in ihrem Körper zu Hause zu fühlen. Sie arbeitete aus den heilenden Tiefen ihres 8. Hauses heraus und wurde mithilfe ihrer liebevollen Sensibilität, die das Krebs-Zeichen mit sich bringt, eine Körpertherapeutin, die transformierende Heilungsarbeit mit dem Medium Wasser leistet. Ihre Arbeit ist innovativ, intim und nährend, und die Mund-zu-Mund-Werbung und Aufmerksamkeit durch die Medien, die sie erhält, ist sehr enthusiastisch. Noemi ist unglaublich begabt. Doch gleichgültig, wie wunderbar und heilsam ihre Arbeit auch sein mag, wie notwendig gar für eine Gesellschaft, die im höchsten Maße gestört und depressiv ist und Pillen für alle Zwecke in sich hineinschmeißt, fliegen eben diese Massen nicht gerade darauf, zu ihrer Heilung mit einer Therapeutin in ein Wasserbecken zu steigen.

Wenn die göttliche Intelligenz durch Uranus zu uns flüstert, kann die Nachricht, die wir empfangen, durchaus eine sein, die ihrer Zeit weit voraus ist. Und genau das ist die Herausforderung bei diesem Planeten. Inspiriert zu werden ist das eine; dies in der realen Welt zu manifestieren, etwas ganz anderes. An diesem Punkt ist die Mythologie von Ouranos vielleicht wieder ganz hilfreich. Wenn wir es aus einer anderen Perspektive betrachten, dann steht der Mythos für unsere Entwicklungskämpfe beim Ausdruck dieses Planetenprinzips. Ouranos ist der Gott der unendlichen Möglichkeiten, und deswegen fühlt er sich im Reich der Gedanken am wohlsten. Unsere erste Ausdrucksform von Uranus ist meist sehr idealistisch, das heißt, dass wir weniger Übung darin haben oder uns unwohler dabei fühlen, unsere Ideen wirklich Form in der Welt annehmen zu sehen. »Nicht gut genug!«, lautet unser Urteil, während wir unsere Kinder wieder in den Leib zurückstoßen. Wenn wir an dieser Stelle stehenbleiben, dann haben wir zwar eine Unmenge von Ideen, doch keine davon wird jemals in die Realität umgesetzt. Und es sind ja nicht nur unsere eigenen Gedanken, die wir zurückweisen. Wir wehren dann womöglich auch andere gut gemeinte Vorschläge von Freunden oder Familienmitgliedern ab. Bestenfalls sind wir dann romantische Visionäre im Anfangsstadium. Schlimmstenfalls sind wir dogmatisch, arrogant und widerspenstig.

Aber dennoch. Weil Ouranos nicht widerstehen kann, sich jede Nacht mit Gaia niederzulegen, werden wir an irgendeinem Punkt doch ins nächste Stadium gezogen: Die Manifestation. Die Sehnsucht des Himmelsgottes nach der Erde brachte letztendlich ein Kind namens Kronos bzw. Saturn zur Welt, das Symbol für die materielle Realität. Doch Vater und Sohn müssen miteinander kämpfen. Ouranos ist gezwungen, der Realität von Raum und Zeit zu begegnen. Und durch diese Konfrontation wird er verändert. Aber er will sich nicht verändern. Die Rolle des Ideengebers ist sehr verletzlich, und deswegen sind innerer und äußerer Widerstand ein herausragendes Merkmal während dieser Phase. Die Welt gibt nicht nach und wir weigern uns, Kompromisse einzugehen. Unsere Weigerung, eine Vision umzusetzen, kann uns hart und defensiv werden lassen, oder verletzt und wütend auf eine Welt, die sich weigert, unsere Talente anzuerkennen. Unglücklicherweise ist es Kronos, dem Gott der Zeit und der irdischen Begrenzungen, beschieden, diesen Kampf zu gewinnen.

Kronos schneidet Ouranos seine Genitalien ab und wirft sie ins Meer. Es gibt keine demütigendere Erfahrung als die, zu kapieren, dass wir der Welt unsere Ideen nicht aufzwingen können. Egal wie brillant sie sein mögen, es gibt Grenzen für das, was ein Individuum fertig bringen kann. Viele von uns geben einfach auf. Doch das, was als nächstes im Mythos geschieht, könnte uns Mut machen: Aus dem Schaum des Ozeans wird die strahlende Venus geboren. Nach dem Kampf kommt die Schönheit. Dies ist das Stadium, in dem der transformierte Uranus endlich von der Gesellschaft akzeptiert wird. Nachdem unsere Idee auf Kronos gestoßen ist, wird sie schön; durch die Zeit oder durch das Arbeiten an ihr, vielleicht sogar durch den Verlust von Potenz und Macht, erhält unsere Innovation eine eigene Anziehung. Entweder kommt die Welt nun endlich mit oder wir selbst geben nach und passen uns den Begrenzungen der Realität an, experimentieren mit Alternativen und nehmen die Gedanken anderer mit hinzu. In der dritten Phase des uranischen Prozesses, wenn wir unsere Individualität mit dem kollektiven Ozean verbinden, erschaffen wir unerwartetes, neues Leben. Manchmal muss sich selbst ein Himmelsgott verändern.

♅ ♅ ♅

Veränderung ist etwas, das wir bei einem Uranus-Transit erwarten können, doch was es genau sein wird, ist sehr schwer im Voraus zu wissen. Es könnte sein, dass wir die Arbeitsstelle wechseln, eine Beziehung beenden oder eine neue beginnen, umziehen oder unseren Kopf rasieren und uns ein Tattoo verpassen lassen. Wenn ich mit Klienten mitten in einem Uranus-Transit spreche, sind sie meist sehr angeregt. Sie wünschen sich mehr Freiheit, ein Leben in größerer Übereinstimmung mit ihrer inneren Wahrheit. Sehr häufig sind sie auf eine äußere Situation fixiert, die sich verändern soll und meinen, sonst nicht glücklich sein zu können. Sie revoltieren, haben es eilig, das loszuwerden, was sie scheinbar unterdrückt und lassen feurige Manifeste gegenüber ihren Ehemännern, Ehefrauen, Chefs und Kollegen verlauten. Uranus-Transite können uns die Kraft verleihen, dringend benötigte Veränderungen durchzuführen. Doch wenn wir nicht wohl überlegt handeln, dann streichen wir womöglich einfach nur die alten Möbel neu an. Wir suchen uns dann zwar einen neuen Job oder einen anderen Partner, doch ein paar Monate später entdecken wir, dass es uns genauso mies geht wie vorher.

Ich habe meine eigene Theorie über Uranus-Transite. Wir können sie dazu benutzen, um gegen einschränkende Bedingungen zu revoltieren. Oder wir können uns selbst verändern, so dass das, was einstmals eine Beschränkung war, kein Problem mehr ist. Statt der Revolution können wir uns um Evolution bemühen. Wir können uns selbst erneuern. Mit oder ohne äußere Veränderungen innerlich freier zu werden – erleuchteter – ist das beste Versprechen, das ein Uranus-Transit zu bieten hat. Ich bekam eine Gelegenheit, dies zu testen, als der transitierende Uranus vor ein paar Jahren in Opposition zu meinem Mond lief. Zunächst schlug ich in meinen Astrologiebüchern nach. Dort stand, dass dieser Transit plötzliche Gemütsänderungen, Reibung mit Frauen, Schlaflosigkeit, eine unerwartete Schwangerschaft, Mutterthemen oder andere ungeplante Ereignisse in Heim und Haus mit sich bringen könne, wie zum Beispiel einen

Umzug. Ich wollte gar nicht umziehen. Ich hatte gerade ein neues Haus gekauft und war dabei, Frühlingsblumen zu pflanzen. Ich machte mir kurz Sorgen, ob ich wohl schwanger sei, bekam aber dann die Bestätigung, dass dem nicht so sei. Ich fühlte mich weder besonders erleuchtet noch inspiriert. Doch dann, als der Transit näher kam, wurde es plötzlich eng.

Meine neue Nachbarin kam ständig vorbei, um über irgendetwas zu meckern. Mein Job in der Firma fiel mir zunehmend schwerer. Eine meiner Vorgesetzten war depressiv, und jedes Gespräch mit ihr brachte mich durcheinander. Eine Reihe von Moonprints-Kunden meinten, ich hätte einen Fehler bei ihrem Horoskop gemacht. Das war gar nicht der Fall, doch mein Zwölfthausmond war so anfällig für den Gedanken, etwas falsch zu machen, dass schon allein die Anrufe reichten, um mich zu verängstigen. Und dann wurde mein schlimmster Alptraum war: Eine Klientin hatte an ihrer Beratung etwas auszusetzen. Ich zuckte jedes Mal vor Schreck zusammen, wenn das Telefon klingelte. Die Forderungen meiner Nachbarin eskalierten. »Ich will sie ja nicht verklagen«, so ihre Worte, »aber wenn Sie das Problem nicht lösen...«.

Es war schrecklich. Ich fühlte mich völlig eingesperrt in meiner Angst. Und doch war auch etwas Vertrautes dabei. Langsam begann es mir zu dämmern... Meine Mutter, meine empfindliche, kritische Mutter, die mich als Kind immer so verängstigt hatte, war überall! Sie wohnte in meiner Nachbarschaft. Sie arbeitete mit mir. Sie kam zu mir zur Beratung. So also löste Uranus meinen Mond aus! »Freiheit!!!« heulte ich los. Keins der Ereignisse hatte einen Erdbebencharakter, aber meine Gefühle waren trotzdem so intensiv, dass ich wirklich umziehen, meinen Job kündigen und ein paar Beziehungen beenden wollte (»Hört alle auf damit!«). Selbst meine Lust, Blumen bei Neumond zu pflanzen, war mir vergangen. Jedes Mal, wenn ich meine Schaufel in die Erde steckte, stieß ich auf einen Wust steinharter Wurzeln. Der Widerstand war einfach grauenhaft.

Und dann geschah der uranische Quantensprung: Widerstand! All dieser Schmerz resultierte aus *meinem* Widerstand. Mein Wunsch nach Revolution war ein verstecktes Flehen nach Stabilität. Ich wollte einfach nur, dass alle ihre Klappe hielten und mich in Ruhe ließen. Ich wollte mich kein bisschen verändern – eine überwältigende Erfahrung für einen Uranus-Transit. Ich wollte, dass der Rest der Welt sich verändert, damit ich so bleiben konnte, wie ich war. Wenn ein Uranus-Transit für elektrischen Stromfluss steht, dann musste ich also meinen Widerstand gegen den Strom aufgeben. Ich musste es erlauben, auf den elektrischen Stuhl gesetzt zu werden. Also hörte ich auf zu kämpfen und nahm die emotionalen Stromschläge einfach hin. Ich hieß meine Hoffnungslosigkeit, meine Wut und meine Angst einfach willkommen, anstatt sie immer wieder wegzudrücken. Es war unangenehm. Der Boden unter meinen Füßen war instabil. Es war, wie die Buddhisten sagen, so ähnlich wie auf einer Rasierklinge zu sitzen.

Eine oder zwei Wochen später klangen die Turbulenzen ab. Doch das Seltsamste war... Obwohl mein äußeres Leben ziemlich genau so blieb wie vorher – der gleiche Job, die gleiche Nachbarin, die gleichen Freunde – fühlte sich alles anders an. Ich war weicher, leichter, entspannter. Ich fühlte mich auch viel inspirierter. Es war gar nichts Besonderes, einfach nur so. Ich war offener für die Welt. Kollegen, die mich vorher nicht sonderlich mochten, klopften auf einmal bei mir an. Seit Neuestem fanden Sie mich hilfsbereit und zugänglich. Meine Nachbarin machte mir sogar Komplimente. Uranus hatte meine Welt komplett verändert, aber von innen. Und so hoffe ich für Sie, dass Ihr nächster Uranus-Transit ebenso erhellende Ergebnisse mit sich bringt!

Neptun

Trinkt aus, ihr Träumer, bevor ihr verdurstet.
Peter Gabriel, »After the Flood«

Als der transitierende Neptun mein 5. Haus betrat, das Haus der Romanzen, und eine Konjunktion zu meinem Nordknoten bildete, fand ich meinen »Seelenpartner«. Er war ein Mann mit Neptun am MC, ein ehemaliger Kollege, den ich seit Jahren nicht mehr gesehen hatte. Sean rief mich aus heiterem Himmel an, und als wir uns trafen, stand Neptun gerade am Westhorizont – in Konjunktion zum Deszendenten, zum Mond und im Quadrat zur laufenden Mondknotenachse. Auch in unserem Komposit spielte er eine entscheidende Rolle. Dort stand er in Konjunktion zu unserer Sonne im 12. Haus, im Quadrat zum Mond und war Herrscher des MCs. Es war schon immer diese unausgesprochene Verbindung zwischen uns gewesen. Und jetzt, nach unserem ersten erneuten Kontakt, nahm mein Leben eindeutig neptunische Qualitäten an. Die getriebene Zielstrebigkeit, die ich jahrelang an den Tag gelegt hatte, verschwand urplötzlich. Ich erwischte mich dabei, wie ich aus dem Fenster starrte. Verloren in anderen Welten. Schon bevor wir uns unsere Gefühle füreinander eingestanden, entschloss ich mich zu einem Sabbatjahr von meiner Astrologiepraxis. Es war eine Angelegenheit des 5. Hauses, sagte ich mir. Ich brauchte Zeit für Kreativität – oder, falls es geschehen sollte, um mich zu verlieben. Denn als Vollzeitmutter, leitende Angestellte, Astrologin und Schriftstellerin hatte ich keine Zeit in meinem Terminkalender, um mich zu verlieben.

Und das taten wir. Die Nächte, die wir miteinander verbrachten, zogen sich bis in die frühen Morgenstunden hin, wo wir noch wach lagen, uns unterhielten, uns berührten und miteinander lachten. Wir stimmten in allem überein, so schien es zumindest. Wir schrieben unsere Kindheitserinnerungen neu, so dass sie fast gleich waren – er auf seinem Schulhof, ich auf meinem, zwei Leben mit paralleler

Entwicklung, bis die Jahre, die uns getrennt hatten, uns schließlich zueinander führten. Seelenverwandte. Eines Tages kaufte Sean Bücher über buddhistische Meditation – es waren genau die Bücher, die auch ich mir gekauft hätte. Waren wir eins? Vor unserer Wiedervereinigung hatte er sich mit Wein befasst und eine sehr schöne, umfangreiche Weinsammlung erworben. Wir leerten seinen Weinkeller gemeinsam, exquisite Weine, die 15 oder 20 Jahre alt waren. Ich war zwar keine große Weintrinkerin, doch die Vernebelung mit Alkohol schien so zentral und wesentlich für unseren Neptun-Zauber zu sein, dass ich schon witzelte, dass wir uns trennen würden, sobald sein Weinkeller leer sei. Ich nahm ihn mit an meinen Lieblingsort, Big Sur. Es war nie zuvor so magisch gewesen.

Eine Woche später war nur noch eine einzige Flasche Cabernet übrig. Sean und ich telefonierten gerade, als er auf einmal schwieg. Er war ärgerlich, doch ich wusste nicht, warum. Es war nicht das erste Mal, dass er mit einer plötzlichen, nicht enden wollenden Stille reagierte. Doch in dieser Nacht legte sich ein Schalter in mir um. Obwohl ich vorher nie in einer Beziehung gewesen war, die kürzer als zehn Jahre dauerte, wollte ich nach vier Monaten auf einmal nicht mehr weiterspielen. Die Magie war verflogen. Auf die Stille am anderen Ende der Leitung entgegnete ich ein, wie ich hoffte, herzliches »Auf Wiedersehen«, drückte die Gabel herunter, starrte den Telefonhörer an und zuckte mit den Schultern. So plötzlich wie ich mich verliebt hatte, war es auch vorüber.

War es wahre Liebe oder Neptun gewesen? In den Wochen darauf, als sich der Feenstaub langsam wieder setzte, kam es mir immer unwahrscheinlicher vor, dass ich so verrückt nach diesem Mann gewesen war. Wieso dieses Seelenverwandten-Getue? War es das, was Neptun wollte? Erfreut er sich daran, uns mit Fantasien den Kopf zu verdrehen?

Astrologen sprechen häufig auf diese Art von Neptun-Transiten, als vorübergehenden Realitätsverlust. Man warnt uns vor uns selbst, wir seien offen für Betrug oder Verlockungen der Fantasie. In der westlichen Mythologie gibt es nur wenige Geschichten über den Meeresgott Neptun, doch in der berühmtesten, ist es genau so. Odysseus ist ein anständiger Mann, der nach dem Trojanischen Krieg nichts weiter will als zu seiner geliebten Frau und zu seinem

Sohn zurückkehren. Unglücklicherweise verärgert er Neptun (alias Poseidon), und der Meeresgott sorgt dafür, dass er sich verirrt. Zehn Jahre lang irrt Odysseus in Neptuns Reich umher, zwischen fantastischen Kreaturen in imaginären Ländern, den Lotus-Essern mit ihrer magischen Frucht, den Phäaken, die die Götter völlig offen, ohne Verkleidung besuchen, die Laistrygonen mit ihren übernatürlichen Kräften. Er und seine Mannen werden von Zauberinnen aufgehalten, von Kirke, Kalypso, den Sirenen. Athene, die Göttin des rationalen Verstandes, hat schließlich ein Einsehen, greift ein und sorgt dafür, dass er nach Hause kommt.

Athenes Rivalität mit dem Meeresgott ist alt und symbolisiert den Kampf des bewussten Verstandes mit dem Unbewussten. Es heißt, dass diese beiden Kopf an Kopf um die unsterblichen Besitztümer Athens gekämpft haben, und (der Name ist Programm) raten Sie mal, wer den Kampf gewonnen hat. Es ist schon merkwürdig, dass die Griechen, ein seefahrendes Volk, uns so wenige Geschichten über Neptun hinterlassen haben, einen einst so mächtigen Gott, der nur seinem Bruder Zeus untergeordnet war. Natürlich unterliegen Mythen einem ständigen Wandel, so wie die Leinwand eines Malers immer wieder neu übermalt wird. Die Philosophen sind sich einig, dass zu der Zeit, als Neptun seine führende Rolle in der Mythologie verlor, ein kritischer Wendepunkt im westlichen Denken erreicht war, das sich von da an in Richtung städtischer Rationalität entwickelte, fort von der rauen Wildheit der See. Poseidon taucht seitdem nur noch selten in den Geschichten auf, versetzt dabei zumeist die Landbewohner mit seinen Seeungeheuern in Schrecken und verlangt Jungfrauen in rituellen Opfern. Ein Gott, dem keine Ehre mehr erwiesen wird, nimmt Rache.

Im Laufe der Jahrhunderte wird das Reich Neptuns weiter durch die Zivilisation gezähmt, das Chaos der Natur in wissenschaftlichen Gesetzen geordnet, heilige Leidenschaft in religiöse Strukturen gefasst, und so werden die Delirien der Fantasie allmählich in kulturell sanktionierten Formen von Literatur und Kunst verfeinert. Deswegen sollte es uns nicht überraschen, dass der Gott in Form des Planeten Neptun im neunzehnten Jahrhundert wieder auftauchte. In dem Augenblick, als sein Schimmer 1846 in Johann Galles Teleskop sichtbar wurde, befand er sich in einer engen Konjunktion zum pragmatischen Saturn in Wassermann, dem Zeichen der Wissenschaft und Technologie – also scheinbar immer noch im Würgegriff der Zivilisation, die das Rationale, Strukturierte und Reale bevorzugt.[19]

Nichtsdestotrotz hat Neptun sich fühlbar bemerkbar gemacht. Nach seiner Entdeckung flutete er wie eine Welle durch die Kulturkreise und brachte uns erneut die Faszination von Geistern und jenseitigen Dimensionen, die Erfindung der Anästhesie und die Technologie der bewegten Bilder, aber auch Freuds und Jungs Erkundung von Träumen und der Psyche. Doch kulturell gesehen sind das nur Nebenrollen, nicht die Hauptrolle. Aus diesem Grund terrorisiert uns Neptun weiter und schickt uns seine Ungeheuer. Seine Rache ist gnadenlos. Er verschlingt unzählige von uns mit Drogen und Alkohol, entlarvt unsere heldenhaften Führungspersonen als Kreationen der Medien, betäubt uns mit der Trance der Unterhaltungsindustrie und durchdringt unsere Gedanken mit der Verlockung der Werbung.

♆ ♆ ♆

Unser Wissen über Neptuns kulturelle Historie hilft uns allerdings auch nicht viel weiter, wenn wir mit jemandem zusammensitzen, der mitten in einem Neptun-Transit steckt. Wie mein Nachbar, der seinen jüngeren Bruder und seinen Job verlor, außerdem einen Bypass bekam, als Neptun über seine Sonne lief. Oder die Klientin, die ihre Mutter an die plötzliche Entdeckung von Krebs verlor, als Neptun im Quadrat zu ihrem Mond stand. Oder meine Freundin, die eine tragische Affäre mit ihrem Chef anfing, als Neptun in Konjunktion zu ihrem Mond stand. Ich denke dabei an all die unzähligen Menschen in ihren Dreißigern oder Vierzigern, die inmitten ihres Neptun-Quadrates ihre Träume verlieren, ihren Geschmack am Leben, ihren Sinn dafür, wer sie eigentlich sind. Wir können versuchen, dies als Illusion abzutun, als Rache eines entehrten Gottes – oder positiver ausgedrückt, eine Möglichkeit, spiritueller zu werden, die eigene Fantasie zu ergründen, sich in Kunst zu vertiefen. Wir können auch versuchen zu sagen, dass man sich in dieser Zeit in der Realität verankern muss und aufpassen sollte, nicht abzuheben. Doch die Worte werden hohl klingen, was in einer Welt, die für neptunische Aufgaben nicht viel übrig hat, wohl auch so sein muss. Doch wenn die Welt auch Neptun nicht versteht, wir als Astrologen sollten schon vorsichtig sein und nicht den gleichen Fehler begehen. Denn es ist häufig so, dass wir genau die Götter dämonisieren, die wir nicht begreifen.

Möchte Neptun uns bestrafen oder beschenken? Vielleicht ist der beste Beweis für Neptuns Absichten nicht das, was uns während des Transits im Außen geschieht, sondern das, was sich in unserem Inneren abspielt. Neptun leistet seine größte Arbeit nämlich unterhalb der Oberfläche. Deswegen ist es auch so schwierig, an Menschen heranzukommen, die sich gerade in Neptuns Umarmung befinden. Sie sind womöglich gerade von Kummer oder Enttäuschung überwältigt. Wenn sie etwas verloren haben, das ihnen lieb war – ihre Gesundheit, ihre Motivation, jemand, den sie lieben – dann suchen ihre Augen vielleicht nach Orientierung, nach etwas, das einen Sinn ergibt.

Doch gleichgültig, wie mitfühlend oder brillant Ihre Worte sind, wahrscheinlich trifft keines wirklich den Kern. Wir sollten es aufgeben, diejenigen aufwecken zu wollen, die auf Wolken tanzen. Gleichgültig, ob dies nun Verlusterfahrungen oder Gefühle der Euphorie mit sich bringen, Neptuns Transit ist eine Entführung in eine andere Welt. Die Gefühle können uns überwältigen, doch es ist unmöglich, sie in Worte zu fassen. Sollten Sie einmal den Versuch unternehmen, jemanden über vergangene Neptun-Transite zu befragen, erwarten Sie keine großartige Antwort. Das ist nicht wie bei einem Pluto-Transit, wo jeder Moment in die Erinnerung eingebrannt ist. Es ist eher so, wie die Erinnerung an einen Traum oder eine Drogenerfahrung oder das Treffen mit einem Alien. Vieles weiß man gar nicht mehr, zuweilen die eigentlich wichtigsten Dinge der ganzen Zeit. Als ich meine Mutter nach dem Jahr ihres Neptun-Quadrats fragte, war sie völlig verwirrt. Sie erinnerte sich an das Jahr zuvor und an das Jahr danach. In dem Jahr danach, meinte sie, sei alles anders geworden.

Neptun-Transite sind wie eine archetypische Reise in den Bauch des Wals. Wenn wir Neptuns Meeresreich betreten, ist es, als würde sich das Selbst, das wir bislang kannten, sich auflösen. Was übrig bleibt, wird vom Unbekannten verschlungen. Wie Peter Gabriel singt: »Wenn die Flut ruft, dann hast du kein Zuhause, keine Wände mehr. Du bist mit Blitz und Donnerschlag tausend Meilen weg, an einem Tag.« Wohin also gehen wir? In unsere inneren Tiefen. Oder zumindest ein Teil von uns geht dorthin. Das ist zuweilen die trickreichste Manifestation eines Neptun-Transits. Vielleicht passiert an der Oberfläche gar nichts – kein Verlust, kein Kummer, keine Vergiftung. Doch so sehr wir uns auch bemühen, wir können uns selbst nicht in Gänze meistern. Das musste ich auf die harte Art lernen, als ich in dem Jahr meines Quadrates von Transit-Neptun zu Radix-Merkur ein Buch zu schreiben versuchte. Ich hatte gehofft, dies würde die optimale Zeit sein, um ungeahnte Ressourcen meiner Fantasie anzuregen, denn immerhin ging es um ein Neptun-Thema, um Märchen. Auf der bewussten Ebene war ich motiviert und entschlossen, mein Agent wartete schon ungeduldig auf die ersten Seiten, doch die Schriftstellerin in mir war einfach verschwunden. Vom Wal verschluckt.

Die Neptun-Reise geht so tief nach innen, dass wir sie weder sehen noch berühren können. Das ist extrem seltsam, wenn man unseren sonst üblichen heldenhaften Zugang zum Leben betrachtet. Wir wollen uns der Situation stellen, sie bekämpfen, etwas tun – doch während eines Neptun-Transits gibt es nichts zu tun, außer ihn zuzulassen. Der Bauch des Wals ist sowohl ein Symbol für den Tod als auch für den Mutterleib. Das Selbst erlischt und wird neu geboren. Joseph Campbell vergleicht die Reise in den Wal mit der Reise eines religiösen Pilgers, ein passendes Bild für die spiritualisierende Kraft Neptuns. »Allegorisch gesehen«, so Campbell, »ist der Gang in einen Tempel das gleiche Abenteuer wie das Abtauchen des Helden durch das Maul des Wals, denn beide beschreiben in bildhafter Sprache eine Handlung, die das Leben konzentriert und erneuert.« Das Leben konzentrieren und das Leben erneuern. Das sind nicht gerade die Begriffe, die uns als Erstes einfallen in neptunisch geprägten Zeiten. Aber vielleicht sollten sie das.

In dem Monat, als der progressive Mond meiner Freundin Karen auf ihrem Radix-Neptun in ihrem 7. Haus stand, wechselte auch ihr nach dem Sonnenbogen dirigierter Neptun das Zeichen. Wenn ein Planet sein Zeichen in der Progression bzw. Direktion wechselt, dann weist dies auf eine große Veränderung im Energieausdruck hin. Das Jahr des Zeichenwechsels bringt oft bedeutsame Ereignisse mit sich. Was brachte ihr Neptun mit? Die verheiratete Musikerin, deren Radix-Neptun in Opposition zu ihrer Sonne steht, ging nach einem ihrer Auftritte auf eine Party, war nach dem Genuss eines hochgradig neptunischen Gebräus ziemlich betrunken und legte ihre Hand auf den Oberschenkel eines ebenfalls verheirateten Kollegen, dessen Frau gerade verreist war. Kurz darauf begann eine sehr heimliche und absolut leidenschaftliche Affäre, die auch ein Jahr später noch besteht. Beide sagen, dass sie glücklich in ihrer Ehe sind, doch ihre Verbindung zueinander geht über alles hinaus, was sich beschreiben lässt. Beide haben das Gefühl, dass das Leben ohne den anderen jetzt sinnlos wäre. Ihre Affäre ist all das, was wir an Neptun so ablehnen, eine Fantasie, voller Lug und Betrug. Doch so wie ich Karens Entwicklung im Laufe des letzten Jahres wahrnehme, ist sie weder vom Erdboden abgehoben, noch hat sich ihre Persönlichkeit reduziert oder aufgelöst. Ganz im Gegenteil, sie ist vollständiger geworden. Die Liebesbeziehung hat neues Interesse in ihr für all die neptunischen Dinge geweckt, die ihr schon immer wichtig waren – ihre Malerei und Dichtung, auch ihre spirituellen Wurzeln. Sie sieht aus wie das gerade wachgeküsste Dornröschen und verhält sich auch so. Was Neptun von ihr wollte? Nicht weniger als in ein umfassenderes Leben wiedergeboren zu werden.

Das Leben konzentrierend und erneuernd. Wenn wir die zeitweilige Verwirrung neptunischer Perioden näher anschauen, dann sind das die Zeiten, in denen die ekstatischen Phasen beginnen und die quälenden enden. Wenn ich mir die Vielzahl von guten und schlechten Ereignissen so anschaue, die mit Neptun-Transiten assoziiert werden, dann erinnert mich das an Geschichten von begabten Gurus. Diese lehren ihre Studenten nicht alle auf die gleiche Art und Weise, sondern stimmen ihre Lehren auf die Bedürfnisse eines jeden Einzelnen ab. Mit dem einen gehen sie voll Mitgefühl um, mit dem anderen hart oder ruppig, mal akademisch, mal spielerisch. Die Studenten sitzen da und kratzen sich am Kopf und wundern sich über die spezielle Weisheit ihres Gurus. Bei Neptun geht es uns oft genauso. Doch wie auch immer sich dieser Archetypus manifestiert, sein Wirken fokussiert uns vorübergehend neu – holt uns aus unserer vertrauten engen Welt in eine größere Welt von mehr Belang. Durch die Initiation mittels Kummer oder Ekstase bringt Neptun uns Gipfelerlebnisse, die uns erstaunliche Visionen hinterlassen, wie das Leben auf einer höheren Ebene vielleicht sein könnte.

Als Neptun auf meinen Nordknoten lief, dachte ich, die ich nie an Seelenpartner geglaubt hatte, ich hätte einen gefunden. Und durch dieses Wunder wurde ich aus meiner effizienten, maschinenähnlichen Trance erweckt. In der Nacht, in der mein »Seelenpartner« seinen Zauberglanz verlor, schlug ich eins der spirituellen Bücher auf, die er mir geschenkt hatte. Und genau da begann eine weit länger währende Reise. Vielleicht schenkt Neptun uns so etwas wie »umgekehrte Übergangsobjekte«. In der Psychologie werden Teddybären und Fantasiefreunde von Kindern als »Übergangsobjekte« bezeichnet, die ihnen helfen, aus der undifferenzierten Identifizierung mit der Mutter in den Zustand eines separaten Selbsts zu gelangen. Diese Objekte erleichtern den Trennungsprozess. Vielleicht sind Neptuns umgekehrte Übergangsobjekte bedeutsam für den Entwicklungsprozess des Erwachsenen, indem sie uns helfen, aus unserem getrennten Selbst in einen Zustand der Einheit mit dem Ganzen zu kommen. Gewöhnlich hat unser getrenntes Selbst die Hauptrolle in unserer jugendlichen Fantasie inne, weswegen wir pünktlich zum Neptun-Quadrat desillusioniert werden müssen. Wir müssen die Träume unseres kleineren Ego-Selbsts loslassen, damit weisere Visionen uns erfüllen können. Nach unserem Neptun-Transit fühlen wir häufig eine größere Einheit und haben mehr Mitgefühl, ein Gefühl grenzenlosen Dazugehörens, eine überwältigende Dankbarkeit – wir befinden uns in einem Zustand der Gnade. Wir erlangen ein exquisites Verständnis, wie ein Wassertropfen, der endlich weiß, dass er eins ist mit dem Ozean.

♆ ♆ ♆

Wenn er Erleuchtung und Freude bringt, dann nimmt Neptun uns in das Herz des Lebens mit – welches auf unserem Planeten im Meer begann, im alten Reich Poseidons. Astronomen, die den Kosmos untersuchen, haben nirgendwo sonst diese lebensspendende Flüssigkeit gefunden. Ist das nicht bemerkenswert? Flüsse und

Ozeane sind das Geschenk des mythologischen Neptuns an die Erde. Der Traum ist ein anderes. Unser nächtlicher Abschied in Neptuns Reich ist ein wesentliches Element der Lebenserneuerung; wenn man uns der Träume beraubt, verlieren wir den Kontakt zur Welt. Unser nächtliches Abtauchen in das Unsichtbare hilft uns, Ängste und Begierden zu verarbeiten. Wir laden uns mit Weisheit aus unserem höheren Selbst auf und basteln an unseren Alltagsdramen, um sie besser zu verkraften.

Neptun ist ein Verbündeter. Doch wie viel von dieser nebligen Welt brauchen wir für das richtige Gleichgewicht? Wir denken bei Gleichgewicht zumeist an eine 50-50-Verteilung. Doch viel wahrscheinlicher ist es, dass es einfach nur um Harmonie geht, um eine Verteilung, die funktioniert. Wenn wir das Verhältnis von Wasser zu Land auf unserem Planeten mal als Metapher wählen, dann müssten wir Neptun 70% zugestehen. Wenn Ihnen das zuviel erscheint, dann denken Sie daran, dass unsere Körper auch größtenteils aus Wasser bestehen. Heißt das, dass wir die Realität zugunsten von Neptun nicht nur manchmal, sondern die *meiste Zeit* aufgeben sollten?

Es ist eine Fangfrage. Denken Sie an den Normalzustand Ihres Geistes. Wenn Sie jemals meditiert haben, dann wissen Sie aller Wahrscheinlichkeit nach, dass Ihr »normaler« Geisteszustand ein unablässiges Geschwätz von zumeist sich selbst allzu wichtig nehmenden Fantasien und Verzerrungen ist. Unser Geist ist zumeist in Endlosschleifen von Geschichten verfangen, die wir uns erzählen und sie dann glauben. Gehen Sie eine beliebige Straße entlang und die Mehrzahl all der »normalen« Menschen, die Sie dort treffen, sind eigentlich gar nicht anwesend, sondern befinden sich auf ihrer eigenen unsichtbaren Reise. Denken Sie einmal an die zahllosen Abhängigkeiten, denen wir in unserer modernen Welt ausgesetzt sind – Drogen, Fernsehen, Rauchen, Arbeiten, Einkaufen, Essen – all das führt uns ins Niemandsland. Wenn Sie also Angst haben, den Neptunanteil nicht auf 70% erhöhen zu können, entspannen Sie sich. Sie haben den Prozentsatz aller Wahrscheinlichkeit nach längst erreicht. Nur handelt es sich dabei um pseudoneptunische Tätigkeiten. Leere Fantasien und Abhängigkeiten halten nichts von Neptuns wahren Schätzen für uns bereit.

Neptun verlangt Ihre ganze Hingabe. Schauen Sie genau hin, was auf Ihrem persönlichen Altar liegt. Nicht das, was Sie dort gern sehen würden, sondern das, wovor Sie wirklich täglich niederknien. Wo verbringen Sie Ihre Zeit? Dort liegt Ihre Hingabe. Wenn es eine wahre Neptun-Aktivität ist oder etwas, das Sie aus einem authentischen neptunischen Geist heraus tun, dann werden Sie sich gesegnet fühlen, während Sie dies tun. Ihr Leben hat dann eine Bedeutung; Sie fühlen inneren Frieden. Selbst wenn die Umstände schwierig sind, rücken Sie sich selbst mit Dankbarkeit und einem erweiterten Verständnis wieder gerade. Wenn Sie sich jedoch größtenteils in Ihrem Sonnenbewusstsein befinden, dann ist Gnade ein flüchtiger Zustand.

Die Sonne ist ein Emblem für das Ego, den Teil von uns, der nach persönlicher Befriedigung und Glanz hungert. Es ist sehr lehrreich, dass Neptun sich in einiger Distanz von der Sonne bewegt und nur ein Zehntel des Sonnenlichts empfängt. Ein Mitglied aus dem Bilderteam der Mission Voyager 2 verglich das Licht auf Neptun mit dem Inneren einer unerleuchteten Kathedrale an einem bewölkten Tag[20] – wie passend.

Um Neptun angemessen zu ehren, müssen wir das Ego weglassen. Abweichungen von der Realität sind häufiger Egotrips als Neptunreisen. Wenn unsere Visionen sich aus den universellen Quellen speisen und die kollektive Reise nähren, wenn sie nicht das Selbst, sondern das Heilige im Kosmos feiern, dann sind wir in Neptuns Armen geborgen. Sich dort 70% unserer Zeit aufzuhalten, wäre wahrhaft himmlisch. Unsere irdische Realität wäre ein Paradies.

Was ist Realität im Grunde schon? Die modernen Wissenschaften liefern uns überraschend neptunische Erklärungen. Solide Materie verschwindet in Quanten-Mysterien, bei denen eine Einheit der Verbindungen vorherrscht, die nur Mystikern völlig verständlich sein dürfte. Die Realität, so sagen die Wissenschaftler, ist ein Fluss, eine Vielzahl von Möglichkeiten, abhängig vom Beobachter. Die Quelle liegt in der Beziehung zwischen Wahrgenommenem und Wahrnehmenden. Theoretische Physiker klingen wie Buddhisten, wenn sie sagen, dass eine unabhängige und objektive Welt nicht existiert. Wenn wir das Horoskop von Neptuns Entdeckung aus dieser Perspektive betrachten, dann erhält seine Konjunktion zu

Saturn eine neue Bedeutung. Vielleicht war es Neptun, der Saturn im Griff hatte und den Wassermann durcheinanderbrachte, indem er eine ganzheitliche Verbindung zwischen den Wissenschaften und dem Heiligen forderte. Vielleicht war es eine visionäre Einladung an uns alle, neptunische Werte wie Verbindung, Mitgefühl und Fantasie in unsere Kultur zu integrieren. Vielleicht war es Neptun, der sagte: »Trinkt aus, ihre Träumer, bevor ihr verdurstet.«

Neptun kehrt 2009 an seine Ausgangsposition zur Zeit seiner Entdeckung zurück. Es ist also nicht zu früh, seine Bedeutung in Ihrem Leben zu feiern.

Pluto

Im August 2006 degradierten die Astronomen Pluto von seinem Status als Planeten auf den eines Eiszwergs. Im Gegensatz zu wirklichen Planeten, so die Wissenschaftler, habe Pluto nicht genügend Kraft, andere Himmelsobjekte in Bewegung zu versetzen. Doch aus genau diesem Grund werden wir Astrologen ihn weiterhin benutzen. Plutos Gravitationskraft mag ja andere Himmelskörper in Ruhe lassen. Doch sein Erscheinen im Horoskop, im Aspekt oder im Transit, lässt uns auf der Erde lebende Menschen definitiv nicht unberührt.

Hier eine Szene aus einem meiner eigenen Pluto-Transite: Ich liege schluchzend auf dem Fußboden zu Hause, halb nackt, die Hände um die Fußgelenke meines Mannes geklammert, der sich zu befreien sucht und zur Tür hinaus will, es schließlich schafft und mich mit auf den Bürgersteig schleift. Er war gerade dabei, unsere Ehe zu beenden. Ich muss wohl mit Selbstmord gedroht haben, jedenfalls hatte mein Mann in der nächsten Szene die Feuerwehr gerufen. Drei rot glänzende Feuerwehrautos hielten am Straßenrand. Die Nachbarn versammelten sich, eine Reihe uniformierter Männer kam ins Haus, um nach mir zu sehen, und ich hörte, wie mein Mann erklärte, dass er woanders unterkommen könne. Zu der Zeit hatte ich noch keine Ahnung von Astrologie. Später entdeckte ich, dass sich mein Radix-Saturn im Skorpion befindet, in Konjunktion zum Aszendenten meines Mannes, und dass Pluto gerade über diesen Punkt lief. Mein Mann veränderte seinen Zugang zur Welt (Pluto über seinem AC). Mein Saturn versuchte krampfhaft, ihn fest- und den Strom der Ereignisse aufzuhalten. Doch stattdessen flog mir meine ganze Lebensstruktur um die Ohren (Pluto auf meinem Saturn).

Pluto ging vor und zurück über den Aszendenten meines damals zukünftigen Ex-Ehemannes und bewegte sich auf das Quadrat zu seinem MC zu. Während dieser Zeit wurden wir nicht nur geschieden, er wurde auch trocken, zog mit seiner Freundin in einen neuen Bundesstaat, wurde Vater und begann einen neuen Beruf. Alles sehr kraftvolle Transformationen seiner Persönlichkeit und seiner Berufung. Auch ich veränderte mich. Es war hart. Ich lag tagelang auf dem Boden und starrte auf den kräftigsten Deckenbalken. So könnte es alles einfach enden. Meine Schwester hatte mir von einer Frau erzählt, deren Mann sie ebenfalls gerade verlassen hatte. Ihr neugeborenes Baby schlief nebenan, sie stellte sich auf einen Stuhl, warf eine Verlängerungsschnur über einen Deckenbalken, schlang die Schnur um ihren Hals und trat den Stuhl unter sich weg. Das tat ich letztlich nicht, doch in jedem anderen weltlichen Sinne starb auch ich. Es war die schmerzhafteste Zeit meines Lebens. Und die lohnenswerteste.

Ich reiste viele Monate durch die Unterwelt, völlig erschöpft, grenzenlos verängstigt, gezwungen, mich ganz dem Geschehen zu überlassen. Ich war so zutiefst gedemütigt, dass ich all die naiven und selbstsüchtigen Konzepte, die mich so weit gebracht hatten, loslassen musste. Aus diesem großen Loslassen ging ich neugeboren hervor. In dem Jahr darauf war ich so dankbar für diesen Transit, dass ich mich regelrecht in Acht nehmen muss, wenn ich über Pluto spreche. Ich fürchte, ich höre mich nämlich fast zu verrückt ähnlich an, wie der Transformationspsychologe Stanislas Grof, der behauptet, die Geburt eines Kindes könne eine angenehme, ja geradezu orgasmische Erfahrung sein. Doch es stimmt: Das Leben, das ich heute genieße, begann, als Pluto über meinen Saturn lief. Weitere Reisen durch die Unterwelt haben noch mehr Geschenke zutage gefördert. Aus diesem Grunde will ein Teil von mir immer sagen: »Ah, ein Pluto-Transit naht? Was für ein Segen!«

Natürlich zittert auch ein Teil von mir immer ängstlich. In den vergangenen 18 Jahren bin ich durch verschiedene Pluto-Transite gegangen. Pluto lief in Konjunktion über meinen Merkur, meine Venus, meine Sonne; im Quadrat zu meinem Mond und Aszendenten; in Opposition zu meinem MC. Diese Phasen brachten immer Stress, Transformation und Neugeburt mit sich. Doch keine näherte sich mir mit einer solch tödlichen Intensität der ersten Pluto/Saturn-Erfahrung. Einige Transite kamen und gingen auf so leisen Sohlen, als wäre Pluto lediglich kurz auf Zehenspitzen durch mein Leben geschlichen. Aber dennoch unterschätze ich Plutos

Macht nicht mehr. Das Jahr, in dem Pluto kurz vor dem Übergang über meine Sonne stand, rief ich meine Lieblingswahrsagerin an. Mit einem nervösen Lachen fragte ich sie: »Und, muss ich dieses Jahr sterben? Oder jemand anderes, den ich liebe?« »Nein«, entgegnete sie. »Aber Sie werden sich ein bisschen verändern!«

Ich selbst kann niemandem die Zukunft voraussagen. Wenn Klienten mich anrufen, dann kann ich ihnen noch nicht einmal sagen, was Pluto genau mit sich bringen wird; noch kann ich vorhersagen, ob es ein sanfter oder ein harter Transit werden wird. Doch ich weiß, was danach kommt. Alle Pluto-Transite folgen dem gleichen Drehbuch – eine Kombination aus dem sumerischen Mythos von Inanna, die ihre dunkle Schwester Ereshkigal besucht, und dem griechischen Mythos von Pluto, der die süße Persephone raubt und sie in die Unterwelt entführt. Folgende Kombination aus diesen beiden Geschichten erzähle ich meinen Klienten häufig[21]: *Sie wandern nichtsahnend und unschuldig durch die Blumenwiese Ihres Lebens, als Pluto plötzlich seine Hände um Ihre Fußgelenke krallt und Sie in die Unterwelt zieht. Dort zieht er Sie nackt aus und hängt Sie mit dem Kopf nach unten an einen Fleischerhaken.* Wenn ich mit einem Klienten während oder nach seinem Pluto-Transit spreche, dann sagt er meistens: »Ja, genau so war es.«

Plutonische Geschichten beginnen zumeist mit einer unliebsamen Überraschung. Der mittlere Teil der Geschichte, der im Untergrund, kann ein paar Tage dauern, ein paar Wochen oder sich auch über Monate hinziehen, ganz abhängig von der Wahl, die wir jeweils treffen. Sie leiden ganz allein und auf sich gestellt, bis auf einmal eine Tür in Ihrem Verlies dort unten aufgeht und Pluto eintritt. *»Wie geht es dir?«*, fragt er. *»Miserabel.«* lautet Ihre Antwort. *»Würdest du gern vom Fleischhaken runterkommen?« »Ja!« »Fantastisch«*, meint Pluto. *»Alles, was du tun musst, ist das aufzugeben, was dir das Liebste ist, das, wovon du glaubst, nicht ohne es leben zu können.« »Alles, nur das nicht!« »Du hast die Wahl«*, so Pluto. Er verlässt den Raum und Sie winden sich vor Schmerzen.

Pluto will, dass wir etwas aufgeben. Aber warum lässt er uns so leiden? Kann uns eine Gottheit nicht zu Transformation ohne Kummer verhelfen? Als ich zehn Jahre alt war, stellte ich dem Christengott eine ganz ähnliche Frage: »Wenn du so mächtig bist und alles tun kannst, was du willst, warum hast du deinen einzigen

Sohn umgebracht, hast erlaubt, dass Menschen ihn demütigen und Nägel durch seine Hände und Füße schlagen? Konntest du keinen anderen Weg finden?« Das Motiv des leidenden Helden taucht auch in anderen Kulturen auf, wo Initianden auf schamanische Reisen gehen und im übertragenen Sinne zerstückelt werden, sich an den Rand des Todes begegnen (und zuweilen darüber hinaus), bevor sie selbst schamanische Kräfte erhalten. Auch im Buddhismus werden einige große Meister zunächst von ihren Lehrern geschlagen und gedemütigt oder müssen unglaubliche Proben und Verluste überstehen, bevor sie sich der Erleuchtung öffnen. Warum geht es bei Pluto-Transiten, genauso wie in vielen mythologischen und spirituellen Traditionen, immer wieder um die gleiche schmerzvolle Erfahrung des Todes, der Transformation und der Wiedergeburt?

So wurde es mir vor Jahren erklärt, als Pluto gerade wieder meinen Saturn verließ. In dem Raum einer Schule, wo ein Treffen der Angehörigen Anonymer Alkoholiker stattfand, das mich wieder zum Leben erweckte, sagte einer der alten Veteranen: »Es geht so. Nehmen wir einmal an, Sie haben eine kleine Tochter mit einem Schnuller. Wenn sie weiter an dem verdammten Ding nuckelt, werden ihre Zähne krumm. Und weil Sie wollen, dass Ihr Kind schön und selbstbewusst wird, weil Sie möchten, dass sie sich auch ohne das Plastikding zu beruhigen lernt, nehmen Sie es ihr weg. Sie brüllt und schreit. Sie versteht nicht, dass Sie es aus Liebe zu ihr tun. Wenn sie es verstünde, würden Sie es ihr erklären; doch das kann sie nicht, also können Sie es nicht. Stattdessen brüllt sie wie am Spieß, bis sie eines Tages loslässt. Sie betritt einen größeren Freiraum des Lebens ohne ihren Schnuller. Und weil sie keinen Schnuller mehr hat, sehen Sie irgendwann danach ein bezauberndes Lächeln auf ihrem Gesicht.«

Pluto verhält sich wie ein liebender Elternteil oder wie ein weiser spiritueller Lehrer. Er ist nicht die Ursache unseres Leidens; das ist unsere eigene Verwirrung. Es ist nicht der Transit, sondern unser Widerstand, der den Schmerz verursacht. Wir halten an etwas fest, das uns die Macht nimmt; es hält uns zurück. Der entscheidende Teil von Plutos Befragung ist es, das zu identifizieren, »was uns das Liebste ist«, damit wir wissen, was wir aufgeben müssen. Anfänglich befürchten wir, dass es etwas Äußeres ist, das wir verlieren – eine

Ehe, ein Kind, unser Status in der Welt. Das mag so sein oder auch nicht. Doch meist ist der Schnuller, an dem wir nuckeln, einfach nur eine blöde Vorstellung, die unsere begrenzte Welt aufrechterhalten hat. Und dieser dysfunktionale gedankliche Rahmen muss zerschlagen werden, wenn wir wachsen wollen. Um Albert Einstein zu paraphrasieren: »Wir können unsere Probleme nicht in dem gleichen Geisteszustand lösen, in welchem wir sie erschaffen haben.«

Sie sind erschöpft von Ihrem Leiden und können einfach nicht mehr. Als Pluto das nächste Mal vorbeikommt, sagen Sie: »Nimm es. Ich gebe auf.« Und wie von Zauberhand erscheinen seine Helferinnen, heben Sie von diesem grässlichen Haken. Sie baden Sie in duftenden Ölen und kleiden Sie in neue Gewänder. Sie sehen aus wie eine Königin oder ein König. »Du kannst nun in das Land der Lebenden zurückkehren«, sagt Pluto. »Doch bevor du gehst, nimm dies kleine Geschenk meiner Anerkennung.« Es ist eine kleine Schatztruhe, in der ein Juwel von exquisiter und außergewöhnlicher Schönheit liegt.

Pluto ist der Gott des Reichtums. Und seine Transite bereichern uns wahrhaftig. Trotz seiner recht grimmigen Vorgehensweise hat er das Ziel, uns wohlhabender zurückzulassen als er uns vorgefunden hat. Ermächtigung, nicht Zerstörung, heißt sein Spiel. Nach dem Pluto-Transit in Opposition zu meinem MC wurde mir eine echte Beförderung zuteil. Doch zuvor musste ich durch eine Phase der Demütigung gehen und befand mich gefährlich nah an der Kündigung. Die Zwillingssonne meines Chefs stand in Konjunktion zu meinem MC. Auch er ging durch diesen Pluto-Transit. Die Gerüchte über seine familiären Probleme kochten ziemlich hoch. Bei der Arbeit war er meist wütend und erkor mich zu seinem Opfer. Doch ich verteidigte mich weder, noch ließ ich mich zum Opfer machen. Ich wollte so viel wie möglich aus jedem seiner Angriffe lernen. Was ich aufgab? Das Konzept, dass ein braves, erfolgreiches Mädchen wie ich immer für alles geliebt wird, das es tut. Es war nicht leicht, doch das Wissen darum, dass Pluto Hingabe verlangt, mäßigte meinen Schmerz erheblich. Ein paar Monate später kam ein neuer Geschäftsführer in die Firma. Auf Hinweis meines Chefs schaute dieser sich meine Leistungen genau an, um mich eventuell zu feuern. Doch am Ende beschloss er, dass ich eine Beförderung verdient hätte.

Pluto-Transite definieren auch Generationen. Da Pluto ungefähr zehn bis zwanzig Jahre in jedem Zeichen verbringt, beschreibt er insbesondere die jeweiligen Obsessionen und leidenschaftlichen Interessen der zu dieser Zeit geborenen Gruppe. Das Zeichen, in dem er steht, ist ein Hinweis darauf, wie diese Gruppe jeweils die Welt transformiert. Von 1913 bis 1938 stand **Pluto im Krebs**. Die während dieser Jahre geborene Generation, die die Depression und zwei Weltkriege miterlebte, war sehr, sehr sicherheitsbewusst, auf Schutz ausgerichtet und zutiefst nationalistisch. Das sind ganz tief verwurzelte Krebs-Eigenschaften, gepaart mit einem sentimentalen Fokus auf Heim und Familie. Passenderweise definierte diese Gruppe den Traum, dessen Version viele von uns heute immer noch leben oder vehement ablehnen – die glückliche 2,4 Kinder-Familie im schuldenbeladenen Heim hinter einem sicheren Zaun.

Viel wurde schon über die »Guck-mal-ich«-Generation mit **Pluto in Löwe** geschrieben (1937-1958), zu denen auch die Baby Boomers gehören. Jedes Tierkreiszeichen beinhaltet eine Reaktion auf die Übertreibungen des vorhergehenden Zeichens; das trifft insbesondere auf die Pluto-Generationen zu. Wenn Krebs die archetypischen Eltern sind, dann ist Löwe das göttliche Kind. Kreativ, exhibitionistisch, verspielt und narzisstisch, war es der Traum der Boomers, »sich selbst zu finden« oder zumindest ein Rockstar zu werden. Mittlerweile in ihren Fünfzigern und Sechszigern spielen viele immer noch in Rock'n' Roll Bands oder suchen danach. Diese Menschengruppe hat viel Zeit in Therapie verbracht und über ihre Kindheit nachgedacht, und sie haben Millionen von Euros dafür ausgegeben, ihre eigenen Kinder zu verwöhnen. Sie sind darauf versessen, ewig jung zu bleiben.

Ich erinnere mich noch gut an das Unwohlsein in meiner Firma, als die Gruppe der **Pluto-in-Jungfrau-Generation** (1957-1972) erwachsen wurde. Diese Grünschnäbel in Cordhosen waren wesentlich bodenständiger und auch zynischer als ihre Eltern, außerdem hochgebildet und häufig arbeitslos. Man konnte sie nicht mit den gleichen Karotten locken, die uns mit Pluto im Löwen noch geködert hatten. Wir gaben Ihnen eine Gehaltserhöhung und sie kündigten einfach in der Woche darauf – um eine interessantere Gelegenheit wahrzunehmen, und wieder ganz von vorne in einem völlig neuen Bereich anzufangen. So geht es mit veränderlichen Zeichen. Passend für das Erdzeichen Jungfrau ist diese Gruppe sehr ökologisch ausgerichtet und setzt neue Standards im Bereich Recycling und biologisch angebautem Obst und Gemüse. Entsprechend des Interesses an Gesundheit ist die Alternativmedizin in dieser Generation zu der gängigen Alternative geworden. Hoffentlich haben sie noch Zeit genug, unseren Planeten und unser krankes Gesundheitssystem zu retten!

In Cordhosen und Wanderschuhen sieht man die **Pluto-in-Waage-Generation** (1971-1984) nicht gerade herumlaufen. Tattoos, Piercings, Haarentfernung – diese Gruppe versteht den menschlichen Körper als eine Art Kunstwerk. Die Frauen dieser Generation folgen in ihrem Sexualverhalten ganz ihrem herrschenden Planeten, der Venus, und geben sich dem Sex ohne Schuld- oder Schamgefühle hin. Gemeinsam mit ihren auf das Äußere bedachten männlichen Gegenstücken haben sie das Spiel der Geschlechter transformiert und uns mit Hochgeschwindigkeits-Dates, online-Partnersuche und bestens nachgefragten städtischen Single-Treffs beschert. Das schönheitsliebende und idealistische Zeichen Waage ist das Zeichen der Beziehungen. Und es hat Schwierigkeiten, sich zu entscheiden. Diese Generation will einfach alles – aufregende Verabredungen, eine romantische Ehe, wundervolle Babys – doch viele dieser Menschen in ihren Zwanzigern und Dreißigern tun sich scheinbar schwer, den idealen Partner zu finden, mit dem sie sich endlich niederlassen können. Viele Fernsehsendungen sind auf diese Gruppe zugeschnitten, all die Reality TV-Shows, in denen Haarstylisten, Innendekorateure, Spitzenköche, Models und Modedesigner miteinander konkurrieren. Pink ist die Farbe dieser Generation.

Bei der Gruppe mit **Pluto in Skorpion** (1983-1995) kommt hingegen Schwarz nie aus der Mode. Diese Kids färben sich die Haare schwarz, kleiden sich im Gothic-Stil und drapieren überall Ketten um sich herum. Plutos Heimatgefilde sind dunkel, tiefgründig und auf das Unsichtbare ausgerichtet. Ob Harry Potter wohl so berühmt geworden wäre, wenn diese Generation nicht regelmäßig um Mitternacht zur Neuerscheinung eines weiteren Buches Schlange gestanden hätte? Diese Generation lässt sich von der innewohnenden Gewalt oder den sexuellen Untertönen ihrer Gangsta Music und ihrer Videospiele nicht aus dem Konzept bringen. Ganz im Gegenteil zu ihren Waage-Vorgängern tragen sie mit Sicherheit keine kleinen Hunde in die Tanzclubs oder gehen mit grellbunten Matten in den Yoga- oder Pilates-Unterricht. Die erste Welle dieser Gruppe ist gerade erst an den Unis gelandet. Einige kämpfen bereits im Irak, vielleicht um mit einer neuen Liste dunkler Themen in unseren Kulturkreis zurückzukehren. Die Todesschützen an diversen Schulen in den USA und Europa sind die Slytherins dieser Generation. Wir werden sehen, wie die Harry Potter-Helden aus den Skorpion-Reihen darauf reagieren werden.

Unterdessen sind die **Plutos im Schützen** (1996-2008) noch dabei, geboren oder gerade eingeschult zu werden. Auf sie müssen wir achten, um die Prinzipien von »The Secret« zu perfektionieren und andere erhellende Lichtblicke zu erhalten.

Von der Raupe zum Schmetterling

Plutos kulturelle Transformation und die Themen jeder seiner Generationen machen uns auf ein zentrales Paradoxon aufmerksam, das Pluto innewohnt. Im Transit kennen wir ihn als einen machtvollen Initiator für Veränderung, doch im Radix scheint er eine unglaublich starke fixierende und fokussierende Kraft zu sein. Pluto kann darauf hinweisen, wo wir Macht haben. Er kann uns aber auch zeigen, wo wir feststecken. Im jeweiligen Haus oder in seinen Aspekten macht er uns darauf aufmerksam, in welchem Hamsterrad nicht enden wollender Themen wir lange Phasen unseres Lebens atemlos hechelnd verbringen.

Kürzlich bekam ich eine E-mail von einem Klienten, der sehr darum gekämpft hat, seinen Platz in der Welt zu finden, sowohl im Beruf als auch zu Hause, wo er immer noch bei seinen Eltern lebt. »Im Augenblick sind alle Menschen um mich herum so wie die Schlimmsten aus meiner Familie«, schrieb er mir. »In der Arbeit bin ich mit Kollegen zusammen, die total unbewusst, gemein, wütend, giftig und hoffnungslos sind. Genau wie zu Hause. Es ist schon lustig, wie mir das immer wieder passiert. Ich frage mich, warum ich von diesem Ort nie weit genug wegkomme.«

Wir könnten nun sagen, das ist Plutos Schuld. Er steht in Dieters 4. Haus, dem des Heims und der Familie und herrscht über seine Skorpion-Sonne in Haus 6, dem Arbeitsbereich, und im Quadrat zu seinem Aszendenten. In den Häusern, die Pluto berührt, finden wir ein hohes Potential für dramatische Transformationsprozesse vor – und auch dafür, das verweigert zu bekommen, was wir uns am meisten wünschen. Ein Pluto im 4. Haus sehnt sich zwar danach, sich genährt und unterstützt zu fühlen, doch wird er dies nie bekommen. Mit Pluto programmieren wir unser eigenes Versagen und beschwören unbewusst genau die Szenarien herauf, die wir am meisten fürchten. Im 6. Haus sehnen wir uns danach, Einfluss auf unsere Arbeitsumgebung zu haben, und doch liegen wir ständig im Streit mit Kollegen und Vorgesetzten. Mit Pluto im Quadrat zum Aszendenten wünschen wir uns nichts mehr als Loyalität und Anerkennung in unseren Beziehungen und finden uns permanent in Machtspielchen wieder oder, noch schlimmer, werden von unserer Umgebung ganz ignoriert.

Der Name »Hades«, des alten griechischen Gottes der Unterwelt, bedeutet »unsichtbar«. Unsichtbarkeit ist ein wichtiges Merkmal unserer plutonischen Landschaften, unsichtbare Kräfte halten uns in Plutos Höhle gefangen. Oberirdisch fühlen wir uns machtlos, als ob unsere internen Dämonen ihre Kraft nur aus ihrem dunklen Versteck heraus beziehen könnten. Um sie zu besiegen, müssen wir sie ans Licht bringen. Das bedeutet, dass wir uns ihrer bewusst werden müssen – eines der ganz großen Themen während Plutos Transit durch den Skorpion. In den 80er Jahren wurden buchstäblich alle Geheimnisse aufgedeckt, und zutage kam ein Berg physischen und psychischen Missbrauchs: häusliche Gewalt, Abhängigkeiten, Kindesbelästigung und Inzest. Tiefenpsychologisches Wissen wurde Mainstream und veränderte auch die Astrologie. Astrologen laufen seitdem nicht mehr länger mit Kristallkugeln durch die Gegend, sondern verwandelten sich in psychologische Berater.

Doch seit Plutos Wechsel in das Zeichen Schütze sind uns die Offenbarungen ein wenig über. Meine Klienten und ich hatten zunehmend weniger Interesse daran, das Unbill ihrer Kindheit durchzuforsten. Nicht dass die Kindheit irrelevant wäre. Es ist einfach nur so, dass mit Plutos Eintritt in den Skorpion eine Orgie psychischer Schuldzuweisungen einsetzte, die ironischerweise genau die Ermächtigung verhindert hat, die wir ursprünglich damit zu erreichen hofften. Bei dem großen Potential, sich zum Opfer machen zu lassen, das wir in Plutos Reichen haben, wurde es zu einem trickreichen Unterfangen, die Schwierigkeiten der Klienten anzuerkennen, ohne dabei das Gefühl der Ohnmacht und des Missbrauchs in ihnen noch zu verstärken.

Als Pluto Mitte der Neunziger in den philosophischen Schützen eintrat, wuchs unser Hunger nach Sinn und Bedeutung. Wir brauchten etwas stärker Numinoses. Wir wollten auch von den Planeten Schütziges – inspirierende, spirituelle Horoskopberatungen mit mehr Abenteuer und Optimismus. Wir wollten uns nicht länger an unsere Vergangenheit gebunden fühlen, wollten wissen, was wir *jetzt* tun können, um unsere Zukunft zu beeinflussen. Astrologen betrachteten Pluto aus einer neuen Perspektive: Jetzt stand er für die Matrix unserer Glaubenssysteme. Das stattete uns mit neuer Macht aus, denn Glaubenssätze können wir verändern. Unsere frühe Erfahrung mit Pluto war nur *eine* Realität. Wie spirituelle Adepten begriffen wir, dass es noch andere gibt.

In Kürze läuft Pluto in das Zeichen Steinbock. Und wieder wird sich die Perspektive wandeln. Und doch gibt es etwas, das Pluto immer zugrunde liegt. Durch diesen Planeten sollen wir uns unsere Macht *verdienen*.

Dies ist nach den Aussagen der Autorin und Lehrerin Caroline Myss der eigentliche Sinn unseres Lebens: unsere Kraft und Macht zu verwalten.[22] Auf seinem Weg durch den Tierkreis lehrt uns Pluto, dass es mindestens zwölf Wege gibt, dies zu tun! Doch was behindert uns eigentlich noch? Caroline Myss, eine medizinische Heilerin, hat lange darüber nachgedacht, warum Heilung für manche Menschen nicht möglich ist. Als Astrologin stecke ich häufig in einem ähnlichen Dilemma. Warum kommen einige Menschen niemals über ihre Familienthemen hinaus, sind scheinbar unfähig, in die Richtung zu wachsen, die sie sich wünschen? Caroline Myss schreibt dazu, dass der Schuldige hier vor allen Dingen die unglaubliche Naivität der Menschen ist, insbesondere der Glaube, dass »bewusst« oder »spirituell« zu werden bedeutet, dass alles Schwierige mit einem Schlag endet. »Das ist ein kindischer Glaube.« lautet ihre Aussage. Wenn wir uns die großen Lehrer von Jesus bis Buddha anschauen, stellen wir fest, dass keiner von ihnen jemals einen sicheren oder gar perfekten Platz für sich gefunden hat. Was bedeutet das? Vielleicht, dass wir plutonische Schwierigkeiten nicht fürchten oder gar vermeiden sollten. Sondern dass wir sie wertschätzen sollten.

Wenn Pluto in den Steinbock läuft, wird unsere schützehafte Naivität (z.B. der in »The Secret« postulierte Anspruch, dass wir *alles* erschaffen können, was wir uns wünschen) von Steinbocks Pragmatismus neu definiert. Pluto-Transite bringen immer neue Wege mit sich, die Realität zu sehen. Traditionelle Sichtweisen werden in vielen Bereichen wieder an Popularität gewinnen, auch in der Astrologie. Wir werden sicherlich einiges an Veränderungen in steinböckischen Institutionen zu sehen bekommen – in Regierungen, Führungsriegen, im Geschäftsleben. Es liegt bereits in der Luft.

Doch es ist gar nicht nötig, für uns selbst so weit in die Ferne zu schweifen. Transformation ist ohnehin unvermeidlich. Durch sie hindurchzugehen hält seine ganz eigenen Geschenke für uns bereit. Pluto bittet einfach nur darum, dass wir uns dem Wandel furchtlos überlassen, dem Unvorhersagbaren im Leben, dem fantastischen Tanz der Energien. Seinen Symbolen der Transformation, dem Phoenix und der Schlange, könnten wir die bescheidene Raupe noch hinzufügen. Denken Sie einmal über die folgenden meditativen Worte nach: »Ich bin Raupe. Die Blätter, die ich jetzt fresse, schmecken bitter. Doch ganz schwach kann ich den Schein einer großen Veränderung fühlen. Was ich euch anzubieten habe, ihr Menschen, ist meine Bereitschaft, mich aufzulösen und zu transformieren. Ich tue dies, ohne das Resultat bereits zu kennen. Und so teile ich auch meinen Mut mich euch.«[23]

Die Sonne

Bei uns in den USA gibt es in Supermärkten Verkaufsautomaten, aus denen man kleine Zettel ziehen kann, die einem dann etwas über das eigene Sonnenzeichen verraten. Vor Jahren traf ich einmal den Gründer einer dieser Automaten-Firmen. Ich werde seinen Enthusiasmus nie vergessen. »Wo sonst«, fragte er mich strahlend, »können Sie etwas kaufen, das nur von Ihnen handelt? Jede Zeile auf jeder dieser Seiten ist Ihre ganz persönliche Geschichte!« Wir können ihm seine Überbewertung der Tiefe und Genauigkeit von Supermarkt-Horoskopen sicherlich verzeihen. Doch zugleich weist er auf etwas hin, was einen Teil der grundlegenden Anziehungskraft der Astrologie ausmacht: Die Vermarktung einer angenehmen narzisstischen Fiktion. Bei allen Bewegungen im Sonnensystem scheint es nur um uns zu gehen. Aus jedem von uns wird auf diese Art ein Stern, ein »Star«.

Und auf Stars sind war ja ganz heiß. Unsere Besessenheit von berühmten Persönlichkeiten reflektiert ein tiefes Bedürfnis, das wir alle teilen: Wir alle wollen *jemand* sein. Wir wollen mehr sein als eine anonyme Laune der Natur, ein namenloses Pflänzchen, das unbeachtet am Wegesrand verblüht. Jeder von uns hat seinen einzigartigen Lebenssinn oder brennt zumindest darauf, einen solchen zu haben. Wir befinden uns auf einer Reise – einer *Helden*reise! Und gottlob versteht die Sonnenstandsastrologie unsere heldenhafte Mission. Astrologie, die einst nur etwas für Könige war, liefert heute Horoskope für jedermann.

Und doch scheint etwas im Argen zu liegen im Königreich. Denn so wie die Horoskopkolummnen uns in unserem Ehrgeiz bestätigen und unseren Ruhm feiern, uns mit Applaus durch die Woche begleiten, ist doch irgendetwas faul daran. Sonnenzeichen-Astrologen buckeln vor uns wie Diener vor dem König, der beständig beruhigt werden will. »Ja, Eure Hoheit, Ihr werdet einen wundervollen Tag haben! Ja, Ihr werdet Eure große Liebe und eine

Truhe voller Gold finden, und siegreich aus dem Kampf hervorgehen!« Sind solche Platitüden wirklich eines Helden würdig? Das Richtige für kleine Sonnen? Können wir uns vorstellen, dass das strahlende Zentrum unseres Sonnensystems früh morgens zitternd die Tageszeitung aufschlägt, um nach den Tageseinflüssen zu schauen? (»Was Mars und Pluto wohl heute wieder mit mir vorhaben?«) Vielleicht fühlen sich viele Menschen deswegen gezwungen, sich Sonnen-Verstärkung mit Hilfe astrologischer Insignien auf Anhängern und Kaffeetassen zu holen. Ein Zusammenschluss aller Sonnen, die lautstark ihre Herrschaft proklamieren: »Hoch lebe der Widder! Hoch lebe der Stier! Zwillinge, sie leben hoch!«

Die Astrologen von einst hätten sich dazu nur fragend am Kopf gekratzt. Denn erst in den letzten hundert Jahren wurden die Sonnenzeichen so beliebt. Die Sonnenstandsastrologie wurde natürlich von einer Löwe-Sonne erfunden. Im August 1860 kam William Frederick Allan zur Welt, der sich später in Alan Leo umbenannte und den wir heute als einen der ersten modernen Astrologen betrachten. Leo verstärkte das Bewusstsein von Charakter als Schicksal, und holte Horoskope aus der Ecke des vorhersagbaren Schicksals heraus, verwandelte sie in psychologische Profile mit einem Hauch von Spiritualität. Doch er war auch ein cleverer Geschäftsmann. Er unterhielt Büros in London, Paris und New York und beschäftigte fast ein Dutzend Angestellte, die jedes Jahr Tausende von Horoskopen produzierten. Und wie jeder schlaue Geschäftsführer, der ein Produkt herstellt, erkannte er die Notwendigkeit, seine Produktion zu vereinfachen. Und so kürzte er das Geburtshoroskop ohne langes Zögern auf einen einzigen Faktor zusammen: das Sonnenzeichen. Durch diesen meisterhaften Zug erfand er einen Weg, die Menschheit in zwölf einfache Gruppen zu unterteilen. Denn jeder kennt schließlich sein Geburtsdatum. Ohne etwas über die Komplexität echter Astrologie wissen zu müssen, konnte sich nun also jeder in einer dieser zwölf Gruppen einordnen. Und so waren die Zeitungshoroskope geboren.

Sonnenstandsastrologie ist ein profitables, doch letztlich mit Makeln behaftetes Geschäft. So ähnlich wie Fast Food sorgt sie zwar für mehr Masse, doch ohne uns wirklich zu nähren. Man bleibt am Ende hungriger zurück als vorher und fühlt sich unbefriedigt. Die Menschen machen sich heutzutage endlos Gedanken über ihre Identität. Die Wertschätzung für das Mysterium der persönlichen Reise ist verloren gegangen, es wird lediglich immer mehr angehäuft: »Im Enneagramm bin ich eine '4', in der vedischen Astrologie eigentlich Krebs, im chinesischen Horoskop eine Ratte und meine persönliche Schicksalszahl ist die...« Astrologen erhalten Anrufe von Menschen, die zwar eine Arbeit haben, eine Familie, einen Ratenzahlungsvertrag und einen Führerschein – aber die nicht wissen, wer sie eigentlich sind und darauf hoffen, dass ihnen ihr Horoskop dies verraten kann. Wir sind so weit aus unserem Zentrum gefallen wie die berühmten Persönlichkeiten, die aufsteigenden und fallenden Sterne, die wir so eifrig verfolgen.

Aus dem Zentrum zu fallen ist das Gegenteil der traditionellen Bedeutung der Sonne – wie es schon in ihrem Symbol selbst sichtbar wird. Die Sonne wird als ein Kreis mit einem Punkt in der Mitte gezeichnet. Eine Einheit mit einem Zentrum als Fokus. Es gibt Billionen Galaxien im Universum, jede mit hundert Milliarden Sonnen. Unser Universum ist für viele Zentren geschaffen. Doch diese Erkenntnis verlieren wir, wenn wir zuviel über unsere persönliche, Identität grübeln. Unser natürliches Strahlen trübt sich, wenn wir uns als begrenzte Objekte fühlen und unsere Sätze beginnen wie: »Ich bin ein Mensch, der...« Wir werden von der Gravitationskraft – nämlich, uns zu ernst zu nehmen - regelrecht erdrückt. Wie ein Stern, aus dem zunächst eine Supernova und schließlich ein Schwarzes Loch wird. Und so weicht die Zentrierung in uns selbst reiner Selbstbezogenheit.

Alan Leo wäre schrecklich gekränkt. Um also unseren Sonnen-Narzissmus zu heilen, schlage ich etwas noch Einfacheres vor als Leos Meisterstück. Anstatt jeden Morgen ihr Tageshoroskop zu lesen, sollten die Menschen anfangen, täglich ihr Herz zu lesen, denn das Herz bietet uns die lebendigste Erfahrung der Zentrierung. Versuchen Sie das direkt einmal. Richten Sie Ihre Aufmerksamkeit einfach auf Ihren Herzschlag. Verweilen Sie ein paar Minuten bei dieser Empfindung. Fühlen Sie, wie die Lebenskraft Sie durchströmt. Beobachten Sie, wie Ihre Aufmerksamkeit Ihr Herz wärmer werden lässt. Vielleicht fühlen Sie nach einer Weile ein angenehmes Strömen oder Strahlen. Verlagern Sie jetzt Ihre Gedanken auf die Aktivitäten oder Menschen, von denen Sie sich energetisiert und inspiriert fühlen. Spüren Sie, wie Begeisterung Ihr Strahlen verstärkt. Wenn Sie aus dem Herzen heraus empfinden, dann leuchten Sie von innen. Andere werden durch Ihre Anwesenheit gestärkt. So wie die Sonne die Quelle aller kreativen Ereignisse auf der Erde ist, so kann Ihre Kreativität andere dazu inspirieren, ihr Licht leuchten zu lassen – wie eine Flamme, die nicht erlöscht, sondern sich immer weiter verstärkt, wenn sie weiter gegeben wird. Das trifft auf jedes Sonnenzeichen zu – Löwe, Skorpion und alles dazwischen.

Zurück zur Sonnenanbetung

Im Zentrum des aztekischen Kalenders steht der Sonnengott Tonatiuh »Der, strahlend voranschreitet.« Die Azteken verstanden, dass alle guten Dinge von der Sonne kommen, doch Tonatiuh war kein Nikolaus. Er hatte eine lange, bedrohliche Zunge, die immer bereit war, menschliches Blut zu lecken, welches er im Gegenzug für seine lebensspendenden Geschenke benötigte. Aztekische Priester opferten ihm routinemäßig Menschenherzen, um ihren Sonnengott stark und gesund zu erhalten und so das Überleben des ganzen Volkes zu gewährleisten. Ohne die Blutopfer, so fürchteten die Azteken, würde die Sonne einfach anhalten und die Zeit stillstehen. Ihre Welt würde dann entweder in ewiger Dunkelheit versinken oder zu einem Häuflein Asche verbrennen.

Natürlich wissen wir, dass die Sonne sich nicht um uns dreht. Sonnenaufgänge und Sonnenuntergänge geschehen, weil die Erde sich um ihre eigene Achse dreht. Die Erde dreht sich um die Sonne, und das definiert unser Jahr. Die Gesetze der Physik werden die ganze Show am Laufen halten, bis in ein paar Milliarden Jahren die Sonne zu einer Supernova wird. Unterdessen hat uns die Technologie von der Sorge um Sonnengötter befreit. Für Wärme und Licht gibt es ja schließlich Elektrizität, Lampen und Zentralheizung – dies ist unsere tägliche Erfahrung, dies ist, was unsere Kinder lernen. Wenn es zu kalt ist, dreh die Heizung höher. Wenn es zu dunkel ist, mach' das Licht an.

Also *ist* auf eine gewisse Art und Weise die Sonne bereits aus unserem Leben verschwunden, genau das, wovor die Azteken sich so gefürchtet haben. Und was ist passiert? Unser Zeitgefühl ist durcheinandergeraten. Das Leben hat sich beschleunigt. Gestresste Menschen, die zu viel zu tun und nie genug Zeit haben, sind überall. Neben manisch-depressiven Erkrankungen, dem ADS-Syndrom, Autismus, Schlaflosigkeit und Erektionsstörungen sind Depressionen und Burn-out *die* beiden großen Krankheiten in unserem Kulturkreis. Depression ist ein Zeichen dafür, dass wir unser Feuer verloren haben, dass unsere innere Sonne nicht mehr täglich erwacht. Ein Burn-out bedeutet, dass zu viel Feuer in uns ist, eine ständige innere Sonne, die unsere Stromkreise durchbrennen lässt. Obwohl der Himmel über uns himmelblau ist, ist hier unten - physisch, psychologisch und spirituell gesehen – nicht alles rosarot. Liegt es daran, dass wir die Sonne nicht länger verehren? Ist Tonatiuh vielleicht wütend? Falls dem so ist, wie können wir ins Zentrum zurückkehren? Vielleicht sollten wir den Sonnengott wieder besänftigen.

Ein Blutopfer wird da allerdings nicht reichen. Unter den Azteken galt Blut noch als die rechte Währung im Austausch zwischen Göttern und Menschen. Götter gaben ihr Blut, um die Welt zu erschaffen, und die Menschen fühlten sich geehrt, ihnen dies zurückzahlen zu dürfen. Menschenopfer waren nicht barbarisch; es war eine Geste göttlicher Gegenseitigkeit. In unserer Kultur jedoch dürfte das Licht eine geeignetere Währung sein. Licht ist eine Metapher für Bewusstsein. Die Sonne erleuchtet unsere Welt, und wir können ihr etwas zurückgeben, indem wir ihr unser Bewusstsein darbringen. Wir können die Sonne anerkennend in unserem Bewusstsein halten. Und die Astrologie bietet uns zum Glück zwei hervorragende Mittel, dies zu tun.

Nehmen Sie Ihr Geburtshoroskop zur Hand. Noch mehr als über unsere Persönlichkeit und unseren Lebenssinn sagt die Sonne etwas aus über die Zeit, und die ist eingebunden in unser Horoskop. Der äußere Kreis aus allen zwölf Zeichen? Der steht für ein Jahr, für die Zeit, die die Erde für eine vollständige Umrundung der Sonne benötigt, bzw. dafür, dass die Sonne einmal in allen zwölf Zeichen aufgeht. Die transitierende Sonne braucht ein Jahr, um durch alle Häuser Ihres Horoskops zu reisen, und erhellt auf ihrer Reise jedes für ungefähr einen Monat. Jetzt schauen Sie mal auf das Kreuz in der Mitte Ihres Horoskops, wenn es dort eingezeichnet ist, als Verlängerung der vier Eckhäuser. Die Eckhäuser sind eine Erfindung der Ägypter, die genau wie die Azteken die Sonne verehrten. Und so entwarfen sie die Eckhäuser entsprechend der täglichen Runde der Sonne.

Der Aszendent trägt das Gefühl und die Bedeutung des Sonnenaufgangs in sich; Planeten, die über diesen Punkt transitieren, bringen Neuanfänge mit sich. Das MC lässt uns an die Sonne zur Mittagszeit denken, hoch am Himmel auf ihrer strahlendsten Position. Auch das MC steht für die Bereiche, in denen wir in der Öffentlichkeit strahlen. Der Deszendent ruft das Bild des Sonnenuntergangs in uns hervor, wenn das Tagwerk getan ist; als Beginn des Hauses der Partnerschaft zeigt es an, wo wir uns anderen Menschen hingeben. Und schließlich das IC, der Mitternachtspunkt, wo wir schlafen und auch die Sonne Ruhe hat vor unserer Welt. Es steht für die persönlichen Fundamente in unserem Leben – unsere Familie, unser Heim und unser essentielles Selbst.

Durch die Häuser bietet uns das Geburtshoroskop einen persönlichen Ausdruck der zweifachen Prägung der Sonne, in ihrem Jahresrhythmus und ihrem Tageslauf. Obwohl Astrologen selten darüber sprechen, sind diese zwei Horoskopkreise doch ein einfacher und zugleich eleganter Weg, den zentrierenden Einfluss der Sonne in unser Leben zu übertragen.

Ihr persönliches Jahr

In meiner ersten Horoskopberatung, die eine der besten war, die ich je bekommen habe, sagte mir die Astrologin den Schwerpunkt eines jeden Monats für den Lauf eines gesamten Jahres voraus. Diese Sitzung habe ich nie vergessen. Woher wusste sie so genau, was ich tun würde und was mir in jedem Monat wichtig sein würde? Meine Interessen und Aktivitäten entwickelten sich genau wie sie vorhergesagt hatte. Viele Jahre später, als ich selbst Astrologin wurde, grub ich ihre Kassette wieder aus, natürlich mit der Absicht, ihre brillante Technik zu enthüllen. Zog sie Transite zurate? Sekundärprogessionen? Arbeitete sie mit dem Solar?

Als ich mir die Kassette nochmals anhörte, war ich überrascht. Sie hatte nichts weiter getan als die transitierende Sonne zu beschreiben. »Im Januar«, so sagte sie »ist es Zeit, sich über Ihre Ziele klar zu werden, unternehmen Sie Schritte zur Verbesserung Ihrer beruflichen Zukunft. Ein kreatives Projekt könnte besonders wichtig werden.« Sie hatte völlig Recht. Mein Hauptfokus in besagtem Januar lag darauf, mich den Vorbereitungen für einen Roman zu widmen, den ich damals zu schreiben hoffte. Und alles, was sie sich dazu angesehen hatte, war die Sonne im Steinbock, die durch mein 5. Haus lief. Kein Saturn, kein Pluto, keine Halbsummen. Es war so einfach, ich wollte mein Geld zurück! Und doch hatte ihre schlichte Vorhersage eine fast unheimliche Genauigkeit. Im Laufe diesen Jahres, von dem sie gesprochen hatte, folgte ich ihrem Rat buchstabengetreu und fühlte mich dabei energetisch immer richtig eingestimmt. In einem Monat erlebte ich einen bedeutsamen beruflichen Bruch, der meine Lebensausrichtung noch Jahre später mitbestimmte. Als ich mir im Nachhinein die Transite dazu anschaute, war der einzig relevante Faktor die transitierende Sonne durch mein 10. Haus.

Wir Astrologen lieben komplexe Zusammenhänge. Gehen Sie auf irgendeinen Astrologenkongress und Sie sehen uns alle Schlange stehen, um eine Unzahl von wahnsinnig raffinierten Techniken zu erlernen. Wenn ich mich auf eine Beratung vorbereite, dann schwimme ich geradezu in Horoskopausdrucken – Transite, Progressionen, Sonnenbogendirektionen, Solare, manchmal auch Lunare. Doch nach Jahren des Studiums der Ephemeride bleibt nur noch eine einzige Technik übrig, die ich regelmäßig für mich persönlich benutze: Ich verfolge die Sonne in meinem Horoskop. Ich habe die Sonne sogar zu einem zentralen Faktor meiner monatlichen E-Mail-Workshops gemacht, weil ich gemerkt habe, dass dieser Zugang trotz seiner Schlichtheit sehr wichtig und heilsam für meine Klienten sein kann. Kollektiv gesehen ist der Einfluss der Sonne im Laufe der Jahreszeiten natürlich unwidersprochen, doch auch im individuellen Erleben gibt es diesen einzigartigen Jahresrhythmus, der es Wert ist, genauer betrachtet zu werden.

Die meisten Menschen leben ohnehin instinktiv nach diesem Rhythmus. Wenn ich Menschen befrage, wann sie sich am optimistischsten und energiereichsten fühlen, nennen sie mir im Allgemeinen am ehesten den Monat, in dem die Sonne in ihr 1. Haus läuft. Der Monat davor, wenn die Sonne noch in 12 steht, ist häufig einer mit einem niedrigen Energielevel, leicht depressiv, wo Dinge auseinanderstreben oder man sich zurückzieht. Berufliche Höhepunkte gehen oft mit dem Sonnenstand in Haus 10 einher. Es ist daher eher nicht so schlau, zu dieser Zeit Urlaub zu machen. Planen Sie Ihren Urlaub lieber für die Zeit, wenn die Sonne durch Haus 5 oder Haus 8 läuft, je nachdem, wie Sie sich erholen wollen. Doch glauben Sie mir nicht einfach alles ungeprüft, was ich Ihnen hier erzähle. Verfolgen Sie die Sonne einmal über den Zeitraum eines Jahres (oder kommen Sie in meinen Workshop) und entdecken Sie diese Rhythmen für sich selbst!

Ihr idealer Tag

Sonnenaufgang, Mittag, Sonnenuntergang und Mitternacht sind traditionsgemäß Stärkungszeiten, in denen wir essen und ausruhen, wieder zu Kräften kommen. Die entsprechenden Eckhäuser im

Horoskop sind also Signifikatoren für einen energetischen Erneuerungsprozess. Sie sind eine Art Muster für die optimale Art und Weise, sich durch den Tag zu bewegen.

Ich habe angefangen, mich näher damit zu befassen, als meine Arbeitstage ihren vorgegebenen Rhythmus verloren. Nach 16 Jahren als Angestellte fing ich an, als Selbständige zu arbeiten. Anstatt mich frei zu fühlen, fühlte ich mich hundeelend, völlig strudelnd und ohne tägliche Routine. Jeder Tag war wie ein einsamer Aufstieg auf einen steilen Berg. Als sich nach einem Jahr meine Depression nicht verbesserte, sondern verschlimmerte, brauchte ich dringend Hilfe. Und so schaute ich mir unter anderem die Eckhäuser meines Horoskops an, um zu sehen, wie ich den Beginn, die Mitte und das Ende meiner Arbeitstage verbessern und gestalten könnte. Die Ergebnisse waren unglaublich.

Ich habe Zwillinge am MC stehen. Meine Mittagszeiten als Angestellte waren durch viele soziale Aktivitäten gesegnet – Meetings, Mittagessen und Gespräche über einer Tasse Kaffee, einfach nur anderen Menschen zuschauen… Nichts davon hatte ich in meinem Alltag allein zu Hause. Dann kam ich auf die Idee, Talkshows aufzuzeichnen und mein Mittagessen gemeinsam mit den Talkgästen einzunehmen. Von da an veränderte sich mein ganzer Tag.

Ich erprobte meine Theorie dann im Weiteren an Klienten. Was ich dabei entdeckte, war, dass Menschen tatsächlich unterschiedliche Tagesabläufe präferieren und dass sich dies in ihren Horoskopen widerspiegelt. Was könnte persönlicher sein als der tägliche An- und Abstieg der eigenen Energie? Und doch untersuchen wir diesen Energiefluss nur selten. Wenn wir es jedoch tun, sind die Vorteile, die wir davon haben, beträchtlich. Jeder, den ich auf diese Art coachte, wurde sich seines persönlichen Rhythmus bewusster, alle berichteten von gesteigertem Energiefluss und erhöhter Effektivität. Doch bevor wir damit beginnen, astrologische Formeln für den idealen Tag festzulegen, sollten wir zuvor noch einen anderen Schritt tun. Hören Sie zunächst aufmerksam zu, wie alle Menschen, die intuitiv arbeiten. Ich stelle meinen Klienten nämlich zunächst eine Reihe von Fragen – insbesondere, damit sie sich daran erinnern, welche Tage bislang gut gelaufen sind und welche nicht. Aus diesen Puzzlesteinen setzen wir dann ein Bild zusammen, das vom Horoskop untermalt wird.

Annie ist Teilzeitschauspielerin mit Zwillinge am AC. Luftzeichen werden durch mentale und soziale Aktivitäten energetisch aufgeladen. Annie gestand mir, dass sie morgens am liebsten ihren Computer anschmeißt, ihre E-Mails und ihre Lieblingstageszeitung online liest, und das alles innerhalb von 15 Minuten zwischen Aufstehen und aus dem Haus gehen. Duschen unwichtig. Sie liebte es, ihre Tage so zu beginnen und kopfüber in das Weltgeschehen einzutauchen. Als ich das einer Freundin mit Löwe-AC gegenüber erwähnte, war sie entsetzt. Feuerzeichen sind gern kreativ. Ihre Vormittage sind entsprechend sehr produktiv, inspiriert und hingebungsvoll, der Höhepunkt ihres Tages, zu dem sie als Schriftstellerin ihre Höchstleistung erbringt und jede Einmischung der äußeren Welt abwehrt.

Annie hat das nebulöse Fischezeichen an ihrem MC. Zur Mittagszeit fühlt sie sich oft verloren. Insbesondere wenn sie im Büro sitzt, sinken zu dieser Zeit ihr Energieniveau und ihre Fähigkeit zur Konzentration beträchtlich. Wenn sie zu Hause arbeitet, nimmt sie mittags gern ein Bad; dies regeneriert sie für den Rest des Tages. Und das ist genau das, was das Horoskop ihr mit den Fischen auch vorschlägt: träumen, sich treiben lassen – nichts, was gesellschaftlich sanktioniert wäre. Doch was für den einen Zeitverschwendung sein mag, ist für den nächsten der direkteste Weg zur Produktivität. Eine andere Klientin, die ihr MC in den frühen Widdergraden stehen hat, hält gern kurz vor Mittag einen kleinen Mittagsschlaf. Das entspricht der Zeit, wenn die Sonne durch den Fische-Teil ihres Horoskops läuft, ihr 11. Haus. Mittags hat sie dann immer das Gefühl, den Tag nochmal ganz von vorn zu beginnen (Widder am MC). Wieder eine andere Frau mit einem hart arbeitenden Jungfrau-MC liebt es, in der Mittagszeit einfach durchzuarbeiten. Wenn sie das mal nicht tut, fühlt sie sich furchtbar, so als hätte sie ihren ganzen Tag vergeudet. Am Ende eines Arbeitstages fühlt Annie sich besinnlich und philosophisch aufgelegt, passend zu Schütze an ihrem Deszendenten. Sie liebt es, sich dann mit ihrem Partner zu unterhalten und einen Rückblick auf ihren Tag zu halten. Morgens ist sie eher zu vielen kleinen Schwätzchen aufgelegt, immer ein wenig auf dem Sprung, abends mag sie es gemäßigt und nachdenklicher – der Unterschied zwischen Zwillinge und Schütze.

Annie hat Jungfrau am IC. Dieses Eckhaus ist natürlich das Schwierigste von allen, denn da schlafen wir meistens. Ich stelle daher zunächst Fragen über das Schlafzimmer, später dann über das Schlaf- und Traumerleben. Annie hat die Neigung, im Schlaf mit den Zähnen zu knirschen. Das passt zur Jungfrau, die alles gut durchkauen, verarbeiten und verdauen muss. Annies häufigster Wiederholungstraum ist einer, in dem sie sich selbst gebiert. Pluto, der Signifikator für Wiedergeburt, steht an ihrem IC. Als ich ihr sagte, dass Pluto ja auch ein Magier sei und dass sie mal versuchen könne, während des Schlafs mit magischer Energie zu arbeiten, erinnerte sie sich daran, dass ihr eine Hellseherin einmal geraten hatte, ihre Wünsche auf ein Stück Papier zu schreiben, es zusammenzufalten und über Nacht unter ihr Kopfkissen zu legen. Sie hat es nur ein einziges Mal ausprobiert, damals wünschte sie sich einen neuen Kleiderschrank, hatte aber nicht genügend Geld dafür. Am nächsten Tag entdeckte sie in der Garage ihrer Friseurin genau das, was sie suchte, und erwarb den Schrank für wenig Geld.

Sandra gehörte zu den Menschen, die völlig unzufrieden mit ihrem Tagesablauf sind. Sie hatte das Gefühl, viel zu viel fernzusehen. Geringste Zwischenfälle lenkten sie ab. Sie bekam nie genügend geschafft. Doch als wir ihr Horoskop anschauten, fanden wir heraus, dass es nur halb so schlimm war. Ihr eigentliches Problem waren ihre Erwartungen. Morgens erwartete sie von sich, aus dem Bett zu springen und sich sofort an die Arbeit zu machen. Doch mit Krebs am Aszendenten war es viel natürlicher für sie, den Tag langsam zu beginnen, ihre Stimmungen zu beachten, gut zu frühstücken und Dinge zu tun, die ihr ein Gefühl von Sicherheit vermitteln. »Morgens fühle ich mich anderen Menschen gegenüber regelrecht ausgeliefert«, so lauteten ihre Worte. Als ich ihr vorschlug, dass sie sich einfach dem Lauf der Dinge überlassen solle, so wie Wasser, und nur das tun solle, was ihr leichtfiel, und ihren Tag erst mittags beginnen solle (mit Widder am MC), lachte sie, weil das genau das ist, was sie ohnehin immer tut. Doch jetzt hatte sie endlich die Erlaubnis dazu erhalten.

Wasser möchte sich zurücklehnen und entspannen. Es umfließt Hindernisse und kann seine Arbeit am besten verrichten, wenn es von außen so aussieht, als würde es gar nichts tun. Patrizia, die das Wasserzeichen Skorpion am AC hat, lässt es morgens auch gern langsam angehen. Während Sandra ihr Morgen als Kuschelzeit empfindet, sieht Patrizia sich selbst eher in einer Art Höhle. Passend zu ihrem Skorpion-Muster erneuert sie ihre Kraft in der Einsamkeit. Nina hat ebenfalls einen Skorpion-Aszendenten, sie macht morgens gern Fitness-Training – doch sie sucht dabei keinesfalls Kontakt. Diese Zeit gehört ihr allein. Und wenn sie die nicht hat, fühlt sie sich unwohl.

Der Deszendent beschreibt unser Verhaltensmuster um den Sonnenuntergang herum. Menschen, die unter einem Burn-out leiden, haben häufig ein Deszendenten-Problem, weil sie vergessen, ihren Tag zu beenden. Es ist wichtig, ganz bewusst in einen anderen Rhythmus zu wechseln. Cilly mit ihrem sozial engagierten Wassermann-DC liebt es, abends Freunde zum Essen einzuladen; Rebecca mit dem gleichen Zeichenstand geht gern zu Verabredungen und bastelt an ihren sozialen Netzwerken. Luftzeichen bevorzugen eine mentale oder soziale Stimulierung. Marina, mit Fische-Deszendent und einem sehr stressigen, hochintensiven Arbeitstag zieht abends gern völlig den Stecker aus der Steckdose und lässt sich in einen Zustand des Nichtdenkens fallen. Am liebsten wurstelt sie dann in ihrer Küche vor sich hin, ohne jegliche Zielstrebigkeit oder Erwartungshaltung.

Sandra mit ihrem geschäftigen Steinbock-DC hingegen liebt es, wie alle Erdzeichen, abends ergebnisorientiert aktiv zu werden. Am frühen Abend fühlt sie sich am fittesten und erledigt einen Großteil ihrer geschäftlichen Anrufe. Sie fängt damit um den Zeitpunkt der Dämmerung herum an und arbeitet bis in den Abend. Zwei andere Frauen mit Stier am Deszendenten mögen es abends auch gerne produktiv. Eine von ihnen arbeitet in der Abendschicht, die um den Zeitpunkt der Dämmerung beginnt. »Es fällt mir so leicht. Es fühlt sich so an, als hätte ich gar keinen Arbeitstag.«

Sandra und Jane haben beide die ästhetische Waage am IC, ein schönes Bett ist ihnen daher wichtig. Jane hatte eine Bettdecke, die ein paar Zentimeter zu kurz war; das sorgte bei ihr für nächtliche

Irritationen, bis sie schließlich eine Borde annähte und endlich gut schlafen konnte. Waage ist das Zeichen der »Prinzessin auf der Erbse«. Es ist außerordentlich sensibel. Sandras Wohnung ist so gebaut, dass sie ihre Schlafzimmerwand mit ihrem Nachbarn teilte – dabei war ihr höchst unwohl zumute. Wir besprachen, dass sie ihr Bett verschieben und noch zusätzlich einen Vorhang vor die Wand hängen könne, um sich das Gefühl einer größeren Privatsphäre zu verleihen. Patrizia mit Wassermann am IC wacht häufig mitten in der Nacht auf. Sie meditiert dann oder liest bis zum frühen Morgen, wo sie dann meist in tieferen Schlaf fällt. Robert hat Löwe am IC, ein Feuerzeichen. Er wacht auf und schreibt dann viel, mitten in der Nacht – es ist seine kreativste Zeit.

Doch genug der Beispiele! Nehmen Sie Ihr eigenes Horoskop zur Hand. Wie sieht Ihr idealer Tag aus?

Die Mondknoten

Cinderella am Nordknoten oder: Warum sie vom Ball wegläuft

Die Mondknoten sind natürlich keine Planeten. Doch ihr Einfluss wird zu Recht für genauso wichtig gehalten, aus welchem Grund ich sie in diese Serie mit aufgenommen habe. Der nördliche und der südliche Mondknoten sind zwei sensitive Punkte, die anzeigen, wo die Bahn des Mondes um die Erde die Ekliptik kreuzt (das Band, auf dem sich die Sonne und ihre Planeten aus unserer Sicht von der Erde aus zu bewegen scheinen). Die westliche Astrologie und die vedische Astrologie beschreiben diese Punkte auf unterschiedliche Art und Weise. Ich stelle hier die westliche Sicht dar.

Ich mag Zauberformeln. Als ich den nördlichen Mondknoten kennenlernte, dachte ich, eine solche gefunden zu haben. Hier war er doch, mein Schlüssel zu Glück, Erfüllung und Erfolg – das Versteck von Excalibur auf der Schatzkarte meines eigenen Lebens. Die Himmel würden aufgehen, wenn ich dorthin ginge und mein Schicksalsschwert mit wundersamer Leichtigkeit aus dem Stein zöge! So dachte ich jedenfalls. Eine Zeit lang tat ich regelrecht, was mein Nordknoten zu verlangen schien, und arbeitete mit anderen zusammen, die das Gleiche versuchten. Damals erkannte ich, dass die Geschichte von König Artus gar nicht das relevante Vorbild ist. Ich schaute mir stattdessen genauer an, was mit Cinderella geschah, und zwar in der ursprünglichen Version der Brüder Grimm, nicht in der Disney-Version. Je näher wir am Ursprungstext eines Märchens sind, umso seltsamer werden die Handlung und die Symbolik, viel mehr wie im richtigen Leben, verstrickt und verzwickt, mit losen

Enden, an denen man überall ziehen kann. Und wenn wir das tun, entfaltet sich möglicherweise unser eigenes archetypisches Drama.

Grimms Cinderella bzw. Aschenputtel geht nämlich auf drei Bälle, die zu Ehren des Prinzen im Laufe einer Woche gegeben werden. In jeder dieser Nächte schleicht sie sich davon, nicht weil die Uhr zwölf schlägt oder eine Fee ihr das so sagt, sondern schlicht und einfach, weil sie nach Hause möchte. Wie merkwürdig. Das Mädchen, das immer von allem ausgeschlossen wurde, geht auf drei Spitzenpartys, in sündhaft teure Designer-Outfits gekleidet - Geschenke von dem Zaubervogel am Grab ihrer Mutter. Sie tanzt die ganze Nacht durch mit einem Prinzen, der sie anbetet und außerdem natürlich der bestaussehende und begehrteste Typ im ganzen Königreich ist. Alle Frauen beneiden sie – und sie hat *Heimweh*? Bedenken Sie dabei bitte, dass »Heim« für Aschenputtel ein zerschlissenes Kleid, einen Berg von Arbeit und ein Schlaflager in der Küchenasche bedeutet, mit einer bösen Stiefmutter und zwei verwöhnten Stiefschwestern, die sie ständig piesacken. Nach Hause zu wollen ergibt unter solchen Umständen nicht wirklich Sinn.

Genauso wenig Sinn wie der Fall einer Klientin von mir mit dem Nordknoten im Skorpion im 1. Haus, die dreimal hintereinander durch die Prüfung zur Chiropraktikerin gefallen ist. Skorpion ist das Zeichen des Heilers, und Angie ist eine der begnadetsten Heilerinnen, die ich kenne. Die Ausbildung zur Chiropraktikerin fiel ihr leicht. Und selbst ohne diese Ausbildung konnte sie mit ihrer intuitiven Berührung schon Wunder bewirken. Angies Großmutter war eine Heilerin. Die Nacht bevor sie starb, fuhr diese Großmutter zu Angies Eltern, nahm die kleine Angie aus dem Bettchen und verkündete, dass sie ihr Heilertalent an ihre Enkelin übergäbe. Doch seit zehn Jahren arbeitet Angie gegen bescheidene Bezahlung als Empfangsdame in einer chiropraktischen Klinik, nimmt Anrufe entgegen und führt Patienten zu Ärzten, die wesentlich weniger Talent haben als sie selbst. »Aber es kommt mir so vermessen vor, wenn ich heile,« sagt sie. Langsam wird es Zeit für sie, ihr Bafög zurückzuzahlen. »Vielleicht sollte ich mir einen besser bezahlten Job im Computerbereich suchen«, so meint sie. Hier haben wir also eine begabte Heilerin, die ihre Zulassung nicht bekommt! Wie auch bei

Aschenputtel, das immer wieder nach Hause zu seinem Aschelager läuft, scheint es keinen wirklichen Sinn zu ergeben.

Auftritt Südknoten. Direkt gegenüber dem Nordknoten gelegen, stehen sei Haus und sein Zeichen für das »Heim«, das uns immer wieder anzieht. Es ist unsere Komfortzone, die Eigenschaften und Talente beschreibt, die uns im Guten wie im Schlechten leichtfallen zu leben und auszudrücken. Astrologen sagen häufig, dass wir die Energien des Südknotens in einem früheren Leben entwickelt haben. Zumindest sind sie gewöhnlich in der Kindheit gut sichtbar und ihr Ausdruck wird in irgendeiner Form von unserer frühen Umgebung unterstützt. Wenn wir am Südknoten sind, wissen wir, wer wir sind. Sein instinktives Verhalten und seine Überzeugungen sind uns vertraut und fühlen sich sicher an, wenn auch nicht immer im positiven Sinne. Der Einfluss des Südknotens ist wie die Kombination von Cinderellas beiden Müttern: die verstorbene gute und die lebende böse. Von Geburt an ist Cinderella mit natürlicher Schönheit und einem liebevollen, nachgiebigen Naturell ausgestattet. Von ihrer Stiefmutter bekommt sie einen Haufen Belastungen und wertlose Überzeugungen über sich selbst geliefert. Im Gesamtpaket steht beides für ihre Grundanlage – die Talente und Begrenzungen, die Cinderella überwinden muss, um ihr volles Potential zu entwickeln. Wenn sie im sicheren Schoß des Südknotens bliebe, könnte dieses wunderbare Mädchen bis in alle Ewigkeit Asche kehren.

Und da kommt jetzt der Nordknoten ins Spiel. Er verlangt, dass wir uns entwickeln. Manchmal flüstert er, manchmal ruft er laut, doch er führt uns immer in Richtung Wachstum. Die pflichtbewusste Cinderella ruft Gelächter hervor, als sie verkündet, dass sie zum Ball gehen möchte. »*Du*? Du machst wohl Witze? Du hast nichts anzuziehen und kannst nicht tanzen. Wir würden uns deiner schämen.« So der O-Ton der Stiefmutter. Das Mädchen zieht sich weinend auf ihr Aschelager zurück und fragt am nächsten Tage wieder: »Bitte, kann ich mit meinen Stiefschwestern zum Ball gehen?« Der Nordknoten erfüllt uns für eine gewisse Zeit mit vorübergehendem Wagemut – er ermöglicht es uns, über unsere gewohnte Rolle hinauszuwachsen. Hier hören wir auf eine Autorität, die höher ist als unsere familiäre und kulturelle Konditionierung und tiefer reicht als unsere Persönlichkeit. In Ermangelung eines präziseren Begriffs nenne ich es »Seele«. Die Mondknoten sind die Flugbahn des Pfeils unserer Seele. Der Südknoten ist der Bogen, der uns ins Leben schießt; der Nordknoten ist das Ziel, das unsere Seele zu erreichen hofft. Wie schwierig oder unrealistisch dieses Ziel auch erscheinen mag, wir haben die Sicherheit, dass wir erfolgreich sein werden wie noch nie zuvor, wenn wir einmal dort ankommen. Erfolgreicher als bei allem, was man mithilfe des Südknotens erreichen kann.

Nehmen wir einmal an, Sie waren Shakespeare in einem früheren Leben. Vielleicht erstaunen Sie Ihre Eltern mit einem altklug klingenden Wortschatz oder damit, dass Sie im Alter von fünf Jahren bereits ein Dutzend Theaterstücke geschrieben haben. Sie bekommen vielleicht viel Anerkennung für ihre tollen Reime, doch im Laufe der Jahre flüstert eine innere Stimme: »Möchtest du nicht lieber *das* mal probieren?« Und »das« wird etwas sein, das Shakespeare vernachlässigen musste, wofür er nicht die Zeit oder nicht den Mut hatte, um es zu versuchen. Im Alter zwischen 18 und 19 Jahren, zum Zeitpunkt unserer ersten Mondknotenwiederkehr, stehen wir möglicherweise an einer Wegkreuzung.

Wir könnten uns dafür entscheiden, das zu tun, was uns leichtfällt oder eben den anderen Weg einschlagen. Die Seele sucht nach Ganzheit. Am Nordknoten sollen wir unsere Reichweite erweitern und ein neues Verständnis und neue Kompetenzen gewinnen. Wenn Sie als abenteuerlustiger Narzisst ins Leben gestartet sind, könnte das größere Abenteuer darin bestehen, sich zu verlieben und eine Familie zu gründen. Wenn Sie im früheren Leben ein Mönch waren, sind der Lärm des Marktplatzes und der Reiz des Wettbewerbs vielleicht die Dinge, die jetzt nach Ihnen rufen.

Am Nordknoten liegt häufig ein verrückter Traum, der nie so ganz verschwindet. Egal, wie oft er begraben wird, er ersteht immer wieder neu aus dem Grab auf. Jedes Mal, wenn Angie den Gedanken aufgibt, Chiropraktikerin zu werden, überlegt sie ein paar Monate später wieder neu, die Prüfung doch zu machen. Bestrebungen in Richtung Nordknoten haben nicht immer oberste Priorität in unserem Kopf, doch sie kommen uns immer wieder in den Sinn.

Kürzlich fragte ich meinen Freund Jack, der einen Skorpion-Aszendenten hat, was er gern noch erreichen wolle und er antwortete mir: »Chef von einem mächtigen ‚grünen' Unternehmen werden.« Doch im Laufe der vergangenen Jahre hörte ich mehr die Sehnsüchte seines Nordknotens im Wassermann im 3. Haus heraus. Er möchte etwas »anders« machen, seinen Genius und seine Originalität mit der Welt teilen, vielleicht ein neues Konzept entwickeln oder eine wissenschaftliche Erfindung machen. Da kommt der progressive Wassermann zu Wort. Außerdem möchte er Artikel schreiben, die Menschen überzeugen und zur Rettung unseres Planeten beitragen. Das ist die kommunikative Orientierung in seinem 3. Haus. Und am allermeisten hofft er darauf, Teil einer fortschrittlich denkenden Gemeinschaft von Gleichgesinnten zu werden – ein Traum, der sowohl sein 3. Haus als auch die Wassermann-Energie befriedigt. Er hat bereits Anstrengungen in diese Richtung unternommen, doch leichter Erfolg war ihm bislang nicht beschieden.

Da die Sehnsucht am Nordknoten so stark ist, würden wir eigentlich erwarten, dass es leichter ist, dorthin zu gelangen. Doch wie fühlt es sich an, etwas ganz Neues zu machen – etwas, worin wir bislang noch keine Erfahrung und noch viel weniger Vertrauen haben? Ganz gleich, wie sehr wir es uns also wünschen, wird es sich dennoch ein bisschen ungemütlich anfühlen, uns in diese Richtung zu bewegen. Wie eine Comic-Figur, die aus dem Fenster des vierten Stocks hinaustritt und auf einmal feststellt, dass sie in der Luft geht, geraten wir an unserem Nordknoten häufig in Panik, selbst dann, wenn wir Erfolg haben. Wie Cinderella treibt es uns vom Ball weg nach Hause.

Angie behandelt einen der Ärzte kostenlos und dieser sagt ihr, sie sei die Beste in der Klinik. Zwei Stunden später jedoch ist sie wieder davon überzeugt, dass sie niemals Geld verdienen kann, wenn sie ihr Talent zum Beruf macht. Ihr Südknoten im Stier im 7. Haus lässt sie glauben, dass es sicherer sei, für jemand anderen zu arbeiten; selbst wenn die Entlohnung bescheiden ist, so ist sie doch zumindest verlässlich. Und wer weiß schon, was sie alles aufgeben müsste, wenn sie eine laufende Praxis hätte? Jack hat eine plötzliche Inspiration für einen neuen Artikel, schreibt ihn aber doch nicht, weil er sich sagt, dass die Welt ihn ohnehin nicht verstehen würde. Sein Löwe-Südknoten im 9. Haus macht es leichter für ihn, ausschweifende Kommentare in seinem Kopf zu entwerfen als sich der tatsächlichen Arbeit zu widmen, Informationen zu sammeln, die seine Idee unterstützen. Warum sollte er Abweisung riskieren, indem er seine Ideen konkretisiert?

Ich mag die Art, wie der Astrologe Laurence Hillmann dieses Muster beschreibt.[24] Stellen Sie sich vor, das Leben sei eine Uni, und als Sie sich eingeschrieben haben, waren Sie entschlossen, Ihren Abschluss in Mathematik zu absolvieren. Das ist der Nordknoten. Doch Sie nehmen an keiner Mathevorlesung teil. Stattdessen belegen Sie Literatur, Musik und Kunst. Das ist der Südknoten. Die Aufgabe des Astrologen besteht darin, Sie daran zu erinnern, wo die Mathevorlesungen stattfinden. Das trifft insbesondere dann zu, wenn das Leben an Glanz verliert und Sie das Gefühl haben, alles sei sinnlos. Sich in einer solchen Phase in Richtung des Nordknotens zu bewegen, kann Ihnen helfen, Ihr Gefühl für Orientierung wiederzufinden. Nichts zaubert das Empfinden von Sinnhaftigkeit und Enthusiasmus so gut und schnell wieder herbei wie der Nordknoten.

Wenn der Glasschuh passt, sollten Sie ihn tragen!

Dreimal verlässt Cinderella ihren heimatlichen Südknoten, um zum Nordknoten-Tanz und anschließend wieder nach Hause zu gehen. Die »Drei« ist eine magische Zahl, die in psychologische Begriffe übersetzt so viel bedeutet, wie »oft genug, um es endlich zu kapieren«. Doch es ist nicht Cinderella, die es kapiert, sondern der Prinz. Wenn er nicht nach Cinderella gesucht hätte, würde sie heute vielleicht immer noch kochen, abwaschen und in der Asche schlafen. Doch beim dritten Ball ist der Prinz schlauer als zuvor. Er ahnt bereits, dass Cinderella wieder abhauen wird und lässt eine klebrige Substanz auf die Treppe schmieren. So kann sie zwar entkommen, doch ihr Glasschuh bleibt auf der Treppe kleben. Jetzt hat der Prinz nichts weiter zu tun als den Fuß zu finden, der zu diesem Schuh passt.

Wenn wir Schwierigkeiten haben, unseren Nordknoten zu erreichen, müssen wir unseren inneren Prinzen zum Leben erwecken und einen Schuh zurücklassen. Der Prinz ist der Sohn eines reichen

Königs, und er ist sich sicher, dass er Cinderella heiraten will. Er repräsentiert also den Teil von uns, der zielgerichtet ist, eine klare Absicht verfolgt, über starke Ressourcen verfügt und an unsere kreativen Talente glaubt. Sein Wunsch zu heiraten, ist der Wunsch nach Ganzheit, in einer heiligen Verbindung von aktiven und rezeptiven Qualitäten. Er sieht uns nicht durch die Augen unserer Begrenzungen, sondern auf die Art und Weise, wie unsere gute Fee uns betrachtet hätte, als die strahlende Vision unseres voll erfüllten Potentials. Doch er braucht einen Schuh.

Der Glasschuh ist der Beweis dafür, dass wir das schöne, wahre Selbst, das wir zu werden hoffen, auch wirklich sind. Er ist das, was uns davon überzeugt, dass der Traum unseres Nordknotens es tatsächlich wert ist, in die Realität umgesetzt zu werden. Bevor wir jedoch unseren Fuß in den Schuh stecken können, müssen wir zunächst unser Südknotenversteck verlassen und seine dysfunktionalen Strukturen entlarven. In vielen Versionen des Märchens sendet der Prinz seine Diener aus, um das Land zu durchkämmen. In der Grimm'schen Version übergibt der Prinz den Schuh persönlich an Cinderellas Vater, der ihn auf direktem Weg zu seinen hocherfreuten Stieftöchtern trägt. Die erste Schwester schneidet sich einen Zeh ab, damit ihr der Schuh passt, die zweite eine Ferse. Der Prinz reitet mit jeder von beiden zunächst davon, bis das Blut aus dem Schuh quillt und ein singendes Taubenpaar den Betrug offenbart.

Warum verrät Cinderellas Vater seine eigene Tochter und händigt den Schuh zuerst seinen Stieftöchtern aus? Man versteht die Symbolik im Märchen sehr gut, wenn man alle Charaktere als Teile einer einzigen Psyche betrachtet. Der Vater steht dann für die unbewusste Autorität vergangener Leben und die Konditionierung durch die Familie. Er repräsentiert das dominante und zum Großteil unhinterfragte Glaubenssystem, das uns immer wieder sabotiert, bevor die heilige Hochzeit uns vollständig macht. Einmal fragte ein Student den buddhistischen Lehrer Chogyam Trungpa Rinpoche, was es denn sei, was wiedergeboren wird, wenn wir uns von einem zum nächsten Leben reinkarnieren. »Nun, ich sag es nicht gern«, antwortete dieser, »doch es sind zum Großteil unsere schlechten Angewohnheiten«. Die schlechten Angewohnheiten unseres

Südknotens müssen wie die Stiefschwestern »geoutet« werden, bevor wir unser wahres Glück finden können.

Die Astrologie kann uns dabei helfen, mögliche selbstbegrenzende Überzeugungen von uns selbst in der Südknotenposition zu identifizieren. Und nichts beschreibt sie besser als eine persönliche Geschichte aus dem Leben. Sie erinnern sich an Angie mit dem Südknoten in Stier im 7. Haus? Stier-Südknoten sind für gewöhnlich widerspenstig und stur. Eine typische Überzeugung mit dieser Position könnte sein, dass man alles selbst machen muss, sich nur auf seine eigenen Ressourcen verlassen kann und dass niemand einem hilft. Der Südknoten im 7. Haus ist oft bedürftig und abhängig und macht sich selbst klein, weil er überzeugt davon ist, dass andere kompetenter oder wichtiger sind als er selbst. Es ist nicht ganz leicht, die Eigenschaften von Bedürftigkeit und Unabhängigkeit in einer Person zu vereinen, doch Angies Geschichte zeigt das Ergebnis recht deutlich.

Angie ist das vierte Kind und die einzige Tochter in einer Familie mit drei Söhnen. Ihre Mutter war zu der Zeit, als Angie geboren wurde, bereits ziemlich überfordert, so dass Angie von Kindesbeinen an angehalten wurde, der Mutter bei der Versorgung der Brüder zu helfen, da sie ja das Mädchen war. Angies inneres Kind hungert immer noch nach der Zuwendung, die sie nie bekommen hat. Doch am härtesten traf es sie, dass ihr Vater allen ihren Brüdern eine Ausbildung ermöglichte, jedoch, als sie schließlich an der Reihe war, gerade neu geheiratet hatte und sie nicht unterstützen wollte. Im Gegensatz zu ihren Brüdern musste Angie also ein Darlehen aufnehmen, das sie bislang nicht zurückzahlen konnte. Als Erwachsene ist sie immer noch im Netz ihrer Südknotenüberzeugungen gefangen: Gern hätte sie Unterstützung, doch sie glaubt nicht daran, welche bekommen zu können; sie verlässt sich auf sich selbst, fühlt sich aber wertlos dabei.

Vor einer Beratung stelle ich meinen Klienten normalerweise einige diagnostische Fragen, inklusive der, dass sie sich vorstellen mögen, wer sie im vorherigen Leben gewesen sind. Ich bitte sie, nicht zu lange darüber nachzudenken, sondern in einem leichten, träumerischen Geisteszustand einfach das erste Bild zu nehmen, das auftaucht. In neun von zehn Fällen ist die Antwort ein nützliches

Abbild der festgefahrenen Glaubensmuster am Südknoten. Das Bild von Angies vergangenem Leben war das eines Waisenkindes, das die Straßen von Paris durchstreifte, ein Mädchen, das wahrscheinlich starb, noch ehe es erwachsen wurde. Wir benutzten dieses Bild und waren dadurch in der Lage, Angies begrenzende Überzeugungen von sich selbst zu definieren. Mit diesem Ausgangspunkt konnten wir uns der Arbeit widmen, über diese Glaubenssätze hinauszugelangen.

Angie hing zwar in bestimmten Stier-Botschaften fest, doch die Begriffe »Schulden», »Groll« und »Ohnmacht« sind eigentlich negative Skorpion-Begriffe, das Zeichen an ihrem Nordknoten. Das geschieht häufig. Oftmals kommen die Schlüsselworte beider Zeichen in unserem Mondknotendilemma vor. Nur in den seltensten Fällen schaffen wir einen sauberen Übergang von dem negativen Ausdruck des Südknotenzeichens in den positiven Ausdruck des Nordknotens. Die Energien beider Seiten der Polarität müssen häufig auf die ein oder andere Art und Weise ausbalanciert werden. Geld und Unterstützung sind sowohl Themen für Menschen mit dem Südknoten im Stier als auch für die mit dem Südknoten im Skorpion. Diejenigen mit der Knotenachse in Steinbock und Krebs schlagen sich mit Themen des Nährens und Genährtwerdens, mit Autorität und Elternschaft herum. Diejenigen mit der Knotenachse in den Zeichen Waage und Widder haben aller Wahrscheinlichkeit nach starke Beziehungsthemen.

Das Bedürfnis, die Mondknotenpolarität auszugleichen, ist bei den Menschen am ausgeprägtesten, bei denen sich kontrastierende Zeichen und Häuser miteinander verbinden, wie bei meiner Freundin Lisa. Ihr Südknoten liegt im unabhängigen Widder im partnerschaftsorientierten 7. Haus. Sie ist hin- und hergerissen zwischen dem Wunsch, allein zu leben und dem, einen Partner zu haben. In ihrer Kindheit gab es sowohl Missbrauch als auch Unterstützung. Wenn Freunde zu Besuch kommen, dann begrüßt Lisa diese wie einen hochverehrten Gast und gibt ihnen das Gefühl, wichtig und etwas Besonderes zu sein. Doch wenn das Gespräch dann einmal begonnen hat, dreht es sich allein um sie. Nach ein paar Stunden fühlen sich die meisten Besucher völlig ausgelaugt. Lisa verliert immer wieder Freunde und versteht nicht warum. Für sie besteht die größte Herausforderung im Leben darin, zwischen der Konzentration auf sich selbst und der Zuwendung zu anderen ihr Gleichgewicht zu finden.

Märchen können wahr werden

Als das wahre Gesicht der Stieftöchter erkannt ist, fragt der Prinz den Vater, ob er noch eine Tochter hat. »Nur ein kümmerliches Aschenbrödel, das meine verstorbene Frau mir hinterließ. Es ist unmöglich, dass sie die Braut ist«, lautet seine Antwort. Selbst wenn wir bewusst sind, können wir uns schwer damit tun, unsere falschen Erwartungen loszulassen. *Ich* kann doch wohl kaum wichtig sein? Und doch, vor den versammelten Zuschauern schlüpfen wir mit unserem altvertrauten berußten Fuß in den wunderschönen Glasschuh – was so viel heißt wie: Das, was wir sind, war die ganze Zeit über schon genug. Wir verhelfen den Talenten unseres Südknotens zu einer neuen Bühne, wo sie mit frischer Kreativität glänzen können.

Der Prinz erkennt Cinderella als seine schöne Tanzpartnerin und ruft: »Das ist meine wahre Braut!« Wir brauchen den Moment des Wiedererkennens. Zuweilen ist dieser Augenblick tatsächlich der Traum unseres Nordknotens, der wahr wird. Doch genauso oft ist dieser Traum nur der Antrieb, die Karotte, die den Esel voranzieht, während das wirklich Erreichte etwas ist, das wir immer als selbstverständlich hingenommen oder nie bewusst gesucht haben. Unser Moment der Nordknoten-Erkennung kann in der Entdeckung bestehen, dass wir in etwas gut waren, das wir so nie erwartet hätten.

Ich habe diese Erfahrung mit meinem geschäftsorientierten Steinbock-Nordknoten gemacht. Ich war erfolgreich in der Schule, hatte immer führende Positionen. Ich machte meinen Abschluss am College mit magna cum laude. Doch danach bekam ich plötzlich Angst vor der »richtigen Welt«. Eine meiner Astrofreundinnen nennt den häuslichen, nach Geborgenheit suchenden Südknoten im Krebs den »Baby-Knoten«, weil Menschen mit dieser Stellung der Knotenachse häufig nicht von zu Hause weg wollen. Ich wollte zwar nicht in meiner Ursprungsfamilie bleiben, doch nachdem ich die Ausbildung abgeschlossen hatte, begab ich mich geradewegs in die Ehe und wurde Hausfrau – allerdings eine komische, da ich keine Kinder hatte, nicht kochte und auch nicht besonders gut putzen konnte. Meine Zwanziger verbrachte ich zu Hause, bis meine Ehe scheiterte.

So bekam ich meinen ersten Job erst im Alter von 32 Jahren, und begann als Korrekturleserin von Texten. Ich wurde alle paar Jahre befördert, bis ich schließlich stellvertretende Geschäftsführerin im Organisationsbereich war. Ich war Topmanagerin (Steinbock), zuständig für alle unterstützenden Abteilungen (Krebs) eines Multikonzerns. Ich habe nie etwas über Geschäftsführung oder Management gelernt. Ich musste selbst lachen, wenn ich mich über Verträge, Termine und Managementfragen reden hörte – ich hatte nicht den blassesten Schimmer, woher ich all das wusste. Das war kein intuitives Wissen aus einem vergangenen Leben. Und ich habe auch als Kind nie »Chefin« gespielt. Es war eher so, dass alles, was ich je gemacht, woran ich je interessiert war und was ich je gelernt hatte, in meinen Erfolg in diesem Job einfloss. Doch ich hätte es niemals so geplant.

Zum Glück hören wir niemals auf zu wachsen. Das heißt, dass wir für unseren Nordknoten einiges an Anerkennung im Laufe unseres Lebens erhalten. Es ist niemals nur eine einzige Sache. Einen Monat vor Jacks zweiter Mondknotenwiederkehr (das ist ungefähr im Alter von 37 Jahren), bekam er die endgültige Ablehnung vom amerikanischen Patentamt für ein neues Konzept zur Datenspeicherung, das er entwickelt hatte – einer seiner Wassermann-Dritthaus-Nordknoten Träume. Zunächst kam ihm das vor, wie das unrühmliche Ende eines zweijährigen Kampfes, währenddessen er viele Male den Mangel an Unterstützung von Seiten seiner Familie und von Freunden beklagt hatte. Doch zur elften Stunde erschien eine gute Fee in Form eines Patentanwaltes, der an seine Idee glaubte. Sie legten Widerspruch ein. Und ein Jahr später hielt Jack sein Patentzertifikat in den Händen. Ich habe ihn noch nie so glücklich gesehen. Ihm war, als hätte er einen Meilenstein seines Lebens erreicht. Und genau das hatte er. Ich wünsche ihm den gleichen Erfolg zu seiner nächsten Runde von Nordknoten-Träumen!

Anmerkungen

1 Mel Gibson wurde am 3. Januar 1956 um 16:45 h in Peekskill, NY geboren.

2 James Frey wurde am 12. September 1969 in Cleveland, Ohio geboren (ohne Uhrzeit).

3 Cynthia McKinny wurde am 17. März 1955 in Atlanta, Georgia geboren (ohne Uhrzeit).

4 Liz Greene und Howard Sasportas, *Die Inneren Planeten* , München 1995.

5 Alice O. Howell, Jungian Symbolism in Astrology, S. 125.

6 Viele Informationen über den rückläufigen Merkur finden Sie in Pythia Peays wunderbarem Buch, *Mercury Retrograde: Its Myth & Meaning*, (Tarcher, 2004).

7 James Hillman, "Pink Madness," *Spring 57*, Connecticut: Frühjahr 1995, S. 41.

8 Michel Gauquelin ist ein französischer Statistiker und Astrologe, der die besondere Stärke von Planten in der Nähe der Hauptachsen nachwies.

9 Pema Chodron, *Awakening Compassion*, (Sounds True Audio, 1995).

10 Unter Verwendung des Sibly-Horoskops, von Rudhyar korrigiert; 4. Juli 1776, 17:13:55 h, Philadelphia PA.

11 Aus einem Interview mit Clotaire Rapaille auf Salon.com: http://www.salon.com/books/int/2006/05/20/rapaille/

12 Wendell Berry, *The Unsettling of America: Culture and Agriculture*, (Sierra Club Books: 1986), S. 13.

13 Michael Meade, *Men and the Water of Life*, (San Francisco: 1993), Seiten 233-245.

14 Jacob und Wilhelm Grimm, *Die Märchen Der Brüder Grimm*, München 1937.

15 Der astronomische Saturn hat sieben Ringe und sieben Eismonde. Die Quadrate, Opposition oder Konjunktion des astrologischen Saturn zu seiner Radixstellung erfolgen alle sieben Jahre.

16 Donna Cunningham, *An Astrological Guide to Self-Awareness* (CRCS Publications, 1978), S. 93.

17 Brian Swimme, *Canticle to the Cosmos Study Guide* (Sounds True Audio, 1990), S. 45.

18 Richard Tarnas, *Prometheus the Awakener* (Spring Publications, 1995).

19 23. September 1846, 21:49 h GMT, Berlin (D) via Joylin Hill, *The Discovery of the Planets* (AFA, 1985).

20 Joseph Campbell, The Hero with a Thousand Faces (Bollingen, 1968), S. 92.

21 Thomas R. Watters, *Planets: A Smithsonian Guide* (Macmillan, 1995) S. 170.

22 Ich bin Georgia Stathis sehr dankbar, von der ich diese Geschichte zum ersten Mal auf einem ihrer Vorträge hörte: "Pluto: The Planet of Choice," während der *First International Cycles & Symbols Conference*, 26.-30. Juli 1990, San Francisco, CA.

23 Das hier mit meinen eigenen Worten wiedergegebene Gedankengut stammt von der Kassette: Caroline Myss, Ph.D., *Anatomy of the Spirit* (Sounds True Audio, 1996).

24 Aus Joanna Macy, "The Council of all Beings," erschienen in *World As Lover, World As Self*, (Parallax Press, 1991, p. 205)

25 Laurence Hillman hat zusammen mit Donna Spencer ein sehr schönes Buch über die Mondknoten geschrieben: *Alignments, How to Live in Harmony with the Universe* (Lantern Books, 2002).

MOONPRINTS

Kennen Sie Moonprints?

Diese Horoskopanalyse von Dana Gerhardt ist ein Blick in die Tiefen Ihrer Seele. Keine andere astrologische Horoskopanalyse verrät Ihnen so viel über die weiblich-emotionale Seite Ihres Wesens. Der Mond in seinem Zeichen, Haus, seine Aspekte zu anderen Planeten, die Mondphase zu Ihrer Geburt, die Mondknotenachse und die Elementeverbindungen Ihres Mondes werden mit viel Fingerspitzengefühl gedeutet.

Zudem zeigt Dana die Entwicklung Ihrer Mondnatur im Laufe der Zeit auf. Transite zu Ihrem Mond, der Zeichenstand und die Zyklusphasen Ihres progressiven Mondes sowie alle Neumonde und Vollmonde eines Jahres werden für Sie ganz individuell interpretiert. Auf über 40 Seiten voll inspirierender Texte, von der Astrologin und Diplom-Übersetzerin Sabine Bends für Sie ins Deutsche übersetzt

Moonprints auf Deutsch zu bestellen bei Sabine Bends:
http://www.astrologiekoeln.de/geschenke.html

Moonprints im englischen Original zu bestellen Dana Gerhardt:
http://www.mooncircles.com/reports/moonprints.html

Standardwerke der Astrologie

Jacob und Erik van Slooten
Die Mondphase der Geburt
Eine astro-psychologische Charakterkunde
125 Seiten, Hardcover,
ISBN978-3-89997-204-7
Die Mondphase prägt den Menschen. An dieser kann man die jeweilige Einstellung zum Leben und die spätere Entwicklung ablesen. Mit Tabellen zur Berechnung der eigenenMondphase.

Alexander von Schlieffen
Im Netz der Beziehungen
Die astrologische Sicht auf prägende Beziehungsmuster vom Kind bis zum Erwachsenen
CHIRON VERLAG

Alexander von Schlieffen
Im Netz der Beziehungen
Die astrologische Sicht auf prägende Beziehungsmuster vom Kind bis zum Erwachsenen
148 Seiten, Hardcover, 15 Abb.
ISBN 978-3-89997-215-3
Welche Beziehungsmuster können vorliegen und wie hängen diese mit dem Horoskop zusammen? Sie erfahren auch, wo sie derzeit stehen und was ihre Lebensaufgabe ist.

Erin Sullivan
Astrologie der zweiten Lebenshälfte
Die Chance, bei sich selbst anzukommen
321 Seiten, Hardcover, 14 Abb.
ISBN 978-3-89997-155-2
In der Mitte des Lebens wechseln wir zu unserem bislang nicht gelebten Leben. Sie erfahren, welche Planetenzyklen eine bestimmende Rolle einnehmen. Dadurch können sie ihr Leben noch bewusster gestalten.